长篇报告文学

百姓心中的丰碑

——记全国优秀共产党员毛丰美

闫星华 ★ 著

北方联合出版传媒(集团)股份有限公司
春风文艺出版社
·沈阳·

© 闫星华　2016

图书在版编目（CIP）数据

百姓心中的丰碑：记全国优秀共产党员毛丰美 / 闫星华著. —沈阳：春风文艺出版社，2016.3（2022.2）
ISBN 978-7-5313-5008-8

Ⅰ. ①百… Ⅱ. ①闫… Ⅲ. ①毛丰美—生平事迹 Ⅳ. ①K828.1

中国版本图书馆CIP数据核字（2016）第054568号

百姓心中的丰碑：记全国优秀共产党员毛丰美

责任编辑	单瑛琪　张玉虹
责任校对	何　丽
装帧设计	冯少玲
幅面尺寸	165mm×235mm
字　　数	120千字
印　　张	12.5
版　　次	2016年3月第1版
印　　次	2022年2月第4次
出版发行	北方联合出版传媒（集团）股份有限公司 春风文艺出版社
地　　址	沈阳市和平区十一纬路25号
邮　　编	110003
网　　址	www.chinachunfeng.net
购书热线	024-23284402
印　　刷	永清县晔盛亚胶印有限公司

ISBN 978-7-5313-5008-8　　　　　　　　　定价：58.00元

版权专有　侵权必究　举报电话：024-23284391
如有质量问题，请与印刷厂联系调换。联系电话：024-31255233

进入新世纪，世界对中国的评价中，一个词汇出现的频率越来越高，那就是：务实。务实即实干，诚如习近平总书记所言，空谈误国，实干兴邦。

——题记

前　言

中国是个农业大国，农业是国民经济的命脉。连续多年中央的1号文件，都跟三农有关。农业的发展、三农问题的解决，直接关系到农民的利益和社会的发展。

在辽东有一位农民，他位卑未敢忘忧国，担任村干部的三十多年里，始终坚信"党的政策里就有好日子"，秉承"干"字当头的信念，把为民解忧、为民造福作为不懈的追求，满腔热忱地为村民做好事、办实事，直到生命的最后一刻。

他，就是辽宁省丹东凤城市大梨树村原党委书记、全国优秀共产党员、基层干部楷模毛丰美。

三十多年里，毛丰美这个普通的山村干部，带领凤城市大梨树村的村民苦干、实干加巧干，硬是在既无资源优势又无区位优势的山沟沟里，走出了一条农、工、商、贸、旅一体化的发展道路,把昔日贫穷落后的大梨树村,建设成为富裕文明幸福的社会主义新农村,集体总资产超过四亿元,人均年收入超过两万元。村里六十五岁以上的老人每年补助六百元,村民入住新居、发展特色产业也会得到补贴,考入大学的学生会得到一千元到五千元不等的奖学金。

毛丰美,到底是个什么样的人呢?生他养他的这片土地,赋予了他什么样的血肉筋骨、意志品格和精神气质?究竟是什么动力,驱使他迸发出如此巨大的能量,促使他完成如此引人注目、发人深思的人格形象塑造历程?2015年深秋,我奔赴大梨树村,深入了解这位当代新型村干部的人生轨迹和传奇经历。

毛丰美,这个出生于凤城市大梨树村的农家子弟,自1980年当选为大梨树大队大队长,到2014年与世长辞,在任三十多年里,带领全村干部群众,"干"字当头,干出了一片新天地，走出了一条由贫变富的光明大道，谱写了一曲壮丽的人生凯歌。从1993年开始，他当选第八届到第十二届全国人大代表二十多年间，急农民之所急，为维护农民权益奔走呼号。一个全国农民代言人的形象通过报刊、电视、网络等媒体，传遍大江南北，走进了千家万户。他用生命谱写了新型农民的传奇人生，在人民心中铸起了一座丰碑。

几个月来，我深入大梨树村村民家中走访，目睹了毛丰美当村干部以来带领乡亲们干出来的一个个奇迹、一桩桩伟绩，听到了关于他的一件件感人肺腑的故事。这些都如磁石一般吸引着我，我麻木已久的心灵，被他的事迹感动，逐渐苏醒振奋起来。在大梨树的日日夜夜，我思想的潮水奔流不止。

毛泽东说过：唤起工农千百万，同心干。对于这句话，毛丰美及大梨树的村民理解得更深刻。

凡到过大梨树村的人，无一不对坐落在村内花果山山腰的"干"字文化广场充满了好奇。两座"干"字碑矗立其间。金鸡报晓干字碑表明昔日的大梨树人，以鸡鸣为令，闻鸡而作；披星戴月干字碑则记录了大梨树人披星戴月苦建花果山的历程。北国冬日白雪里，鲜红的"干"字愈加耀眼。"干"是毛丰美留下的宝贵财富，是大梨树人秉承的精神。

鸡鸣天亮干，头顶烈日干，披星戴月干。用了整整三十多年的时间，大梨树人最终把荒山秃岭建成了万亩果园。如今，这里已成为国家AAAA级生态旅游景区；昔日的穷山沟，默默无名的小山村，如今在毛丰美的带领下，硬是干成了一个"中国最美乡村"。

"我们大梨树就认准了一个字——干！不干什么都没有。干，更要苦干、实干、巧干，重规律、求实效、闯市场。"

这是毛丰美常说的一句话。

想干、能干、苦干、实干、巧干、敢干，贯穿了毛丰美的一生。

目录 | Contents

001 \ 想干篇
　　一心只为共同富裕

033 \ 能干敢干篇
　　敢教日月换新天

061 \ 苦干实干篇
　　弯大腰，流大汗

097 \ 巧干篇
　　善于观察，善于研究

115 \ 廉者，毛丰美

　　廉洁，自律

133 \ 言者，毛丰美

　　履职尽责，不辱使命

153 \ 善者，毛丰美

　　爱民至深，为民至诚

167 \ 永远的丰碑

　　基层干部的楷模

想干篇
一心只为共同富裕

让老百姓过上和城里人一样的好日子。

人们都知道在辽宁省凤城市凤山区西南有个大梨树村，那里有一个毛丰美。

毛丰美生于1949年，是共和国的同龄人。他的祖上清朝时闯关东，从山东到了辽东。一路上颠沛流离，走州跨县越山渡海，历经千难万险，最终到了大梨树村以西三里的地方定居。背井离乡、长途跋涉，回报他们的是辽阔和荒凉。祖祖辈辈凭借土地辛苦劳作来养家糊口的毛氏先人们，喜欢辽阔和荒凉。这里有可以开垦的山坡，勤劳的双手可以干出好光景。一家人安顿下来后，便踌躇满志地干起来，他们开荒种地，凿井建庐，不几年工夫，毛氏先人们的根扎下来了。几处宽敞的院落在土坷垃里冒起了炊烟，几只笨狗在新形成的村巷里跑来跑去，荒芜的山坡上开垦出来整齐的田畦，让大地有了人气，有了生气。毛丰美的先人们慢慢积攒起家业，人畜渐渐兴旺起来。经过二百多年世代繁衍，分支立户，形成了村落，叫毛家堡。毛家堡坐落在今花果山景区门前不远的地方，依山傍水。

二百多年后，毛丰美就出生在这里。

对毛丰美的先人们来说，一代又一代人在饥荒中度过，但他们对未来充满希望。上溯五辈，家族里的子子孙孙都是清一色的农家子弟，重复着面朝黄土背朝天的艰苦劳作，代代恪守着耕作持家和忠孝节义的本分。

苍天有眼，时来运转。1949年，毛丰美生下来还没有过满月，人民解放军军歌嘹亮，解放了凤城。红旗升起，军民动手，铲掉了日本人立在西山紫阳观宝塔上的所有的歌功颂德的字句，给塔起了新名字：解放纪念塔。塔上面新刻上"清偿十四年血债，做东北新主人"的字样。天翻地覆的时代来临了！欢天喜地的人们拥向大街小巷，载歌载舞，迎接解放军进城。飘扬的旗帜和震天的歌声让这个备受战争蹂躏的县城沉浸在欢乐之中。和煦的阳光普照这片土地，翻身得解放的人民焕发出无穷的力量。饱受日寇和军阀欺凌，受尽压迫的大梨树乡亲们脸上露出了笑容。在襁褓中的毛丰美当然不知道，他的人生注定与共和国同呼吸共命运。

毛丰美是长子，是一家人的希望，他同共和国一起成长。他背上了书包，走进了学校，成为毛家第一个上学念书的人。毛丰美在日记中写道："决不辜负父辈的希望，我要用实际行动，做一个对社会有用的人，做一个有价值的人。"

光阴荏苒，转眼进入20世纪70年代，毛丰美已经是二十出头的小伙子了。1968年初中毕业的他，已经回到村里务农了。那个时候，初中毕业生算是村里的知识分子，村里有技术活，首先想到的是毛丰美。不久，他被选送到人民公社学兽医。

毛丰美家有八个孩子，六男两女，毛丰美是长子，理所当然得扛起大梁。毛丰美没让父亲失望。从1970年结婚到1980年短短的十年间，他把家经营得有声有色。妻子丁桂清和他同岁，知根知底，青梅竹马，两小无猜。

毛丰美和妻子合影

毛丰美和家人的早期合影

结婚那年,毛丰美当兽医已经五年了,宛如一棵茁壮成长的小松树,脱去了稚嫩,成为一名有棱有角的东北汉子。他一天到晚风尘仆仆,忙忙碌碌,村里哪家哪户的牲畜出现了疫情,他总能在第一时间出现。他爱琢磨每一种牲畜在不同季节的发病规律,喜欢总结各种有效的治疗方法。这个时期,他略显拘谨,言谈举止沉稳成熟,喜欢简短的句子,语速急促,喜欢使用手势加强语气,表现出他独特的个性魄力。他喜欢钻研业务,经常向乡兽医站卢云昌站长请教。对卢站长推荐的兽医书籍,熟读默记,成为卢站长的高徒,是公社几十个大队兽医中数一数二的技术骨干，算得上行家里手。他富于创新精神，别人还在学习牲畜病治疗技术时，他已经开始研制药物针剂了；人家还不知道怎么去扩大牲畜五号病的防疫，怎么去做入户宣活动时，他已经将防疫制度浓缩成朗朗上口的快板书并油印成小传单了。短短几年时间，大梨树村兽医站已经名扬辽东。他还潜心研究，把柴胡、黄檗、线麻秆等中草药经过大锅焖蒸，蒸馏冷却，制成针剂用玻璃瓶分装，推销到辽宁各地。他研制的狗骨头针剂，在辽东地区十分畅销。

对毛丰美来说，每一天都很忙碌。这天一大早，他又来到乡亲家劁猪，这个活计，对他来说已经轻车熟路。只见毛丰美用刀在猪后腿一侧刮了几下，随后，用刀在"净毛"处豁开一条小口儿，把刀柄叼在嘴上，手指迅速插入皮肉里钩了几下，很快钩出一块鲜红的肉，掐住，又迅速拿下嘴里的刀将那块鲜红的肉割下，扔到地上……从衣襟上拽出针线……在刀口处穿针引线，动作娴熟，叫人看得眼花缭乱。

毛丰美将小猪崽儿放开，朝猪崽儿屁股上拍一巴掌：去你个……小太监吧！

小猪崽儿浑身哆嗦瘸着腿跑去。三婶看着跑去的猪崽儿对毛丰美笑，说："大侄子，你说你祸害了多少生灵啊！"毛丰美回头冲三婶笑着说:"婶子,卤水点豆腐,一物降一物。不把猪劁了,能长膘吗?不长膘,过年能吃上肥猪肉吗……"助手接过毛丰美手里的刀、针线消毒。三叔瞪了三婶一眼,说:"美子,快洗洗手,进屋喝口水吧。"

毛丰美回答:"三叔,不喝了。还得抓紧走,全大队有好几十个猪崽子等着我劁呢!"

三婶掏出四块钱递给毛丰美:"给,这十多天的劳日资,全叫你薅去了。"

毛丰美高兴地接过钱交给助手,说"记上账",然后又对三婶说:"婶子,这四块钱,等于买下了一年的油水。不把猪劁了,明年能有油水吃吗?"

三婶嗔怪说:"大侄子,你是耗子钻进棉袄里,不开口拉倒,一开口就咬里(理)儿。"

助手把钱揣进包里,随手掏出本子记上账。

一台手扶拖拉机"突突突"地开过来,停在三婶家门口。司机老吴从拖拉机上跳下来,喊:"毛兽医,不好了,俺家的黄牛一天没倒嚼了,快……快去给俺看看吧!"

毛丰美背起药箱对助手说:"我去老吴家一趟,你麻利地回站里,跟小陆多熬些板栗花。这几天,大牲畜闹结症的不少,多储备些药,到时候不能抓瞎。"助手点一点头离开了，毛丰美背上药箱去推自行车。老吴着急地说："哎呀！毛兽医，你就别骑那玩意儿了，站在拖拉机后屁股上，我拉你走吧！"

毛丰美对他摆一摆手，问道："拉我走？我怎么回来？"

老吴上前拽他，说："我用拖拉机再把你送回来，快走吧！"

三婶呵呵笑了起来，说："老吴，你真是死心眼儿，用绳子把自行车拴在拖拉机后面，叫丰美骑在自行车上，你拽着他跑不是一样吗？"

毛丰美恍然大悟，指着老吴笑："笨蛋，活人还能叫尿憋死，快去绑啊！"

老吴赞赏地看了三婶一眼，立即从拖拉机上拿来一根绳子，把自行车车把绑上。毛丰美骑上车，对老吴说："还愣着干啥？开车呀！"

拖拉机"突突突"开走了，后面甩下一溜灰尘。拖拉机爬上一个山丘，老吴转回头喊："毛兽医，下坡了，勒紧闸！"

由于拖拉机声音大，毛丰美在背风的方向，没有听清楚。老吴不放心，又回头喊道："勒紧闸，下坡了！"毛丰美还是没听清。老吴也不回头，为了保证毛丰美的安全，他立即减慢车速。他这一突然减速，因为惯性作用，毛丰美连人带车撞在拖拉机后屁股上，被摔出老远没了动静。老吴也没有发现异样，拖拉机继续往前开去。毛丰美摔在地上好一会儿，才慢慢醒来……挣扎着坐起来，捂着屁股，又拍拍大腿，疼得龇牙咧嘴，又躺在了地上。这时，拖拉机早已不见踪影。大队书记黄运显骑自行车路过这儿，猛然发现一个人躺在路边，急忙下车，跑上前一看，惊讶地问："丰美？这是咋回事儿啊，啊？"

毛丰美躺在地上，疼得龇牙咧嘴："黄书记，快带我去……去老吴家，他……他家的牛……一天没倒嚼了。"

黄书记把毛丰美扶起来，看看摔破的裤子，紧张地说："哎呀！都摔成这样了，还惦记人家的牛。快走，我送你去公社卫生院！"

毛丰美推开黄书记的手，正了正肩上的药箱，挺了挺腰板说："黄书记，没事儿，快带我去老吴家吧。"黄书记拽着毛丰美站起来，说："丰美，你不要命啦！"

毛丰美一瘸一拐地走到自行车前："黄书记，死不了，快带我去吧，晚去一步，怕老吴家的牛就没命了！"黄书记瞅着毛丰美的背影，无可奈何地摇摇头，朝自行车走去。

老吴把拖拉机开进院，妻子迎上前说："他爹，咋没把毛兽医请来？"

老吴跳下车，往车后面一看，见自行车依然绑在后面，车圈撞扭了，车蹬子也拖没了，人却不见了。老吴知道自己犯了大错，慌里慌张地跑出院子，朝公路上跑去。刚跑了没多远，就见黄书记用自行车驮着毛丰美从岔路口拐过来。老吴拍了下大腿懊恼地说："这事整的，咋还把人拉丢了呢。"

老吴迎上前问："黄书记，你俩咋走到一起啦……"

黄书记停下车，瞪了老吴一眼，说："看看你做的好事儿！"

"不碍事，快去看牛吧。"毛丰美说。

黄书记、老吴站在黄牛前，看着毛丰美给黄牛灌下最后一勺药。

黄书记对老吴说："你小子，真是毛愣鬼儿。后面有个大活人，就不会慢点儿开？多亏丰美年轻，若是我，早摔进阎王殿了。"

毛丰美放下勺子，一瘸一拐地转过身说："黄书记，别说了，这事也不能怪老吴，自行车闸不好使，我也太大意了。"

老吴走上前，小心翼翼地扶着毛丰美说："太对不起了！"

黄书记嗔怪老吴："嘿，算你小子走运，若把丰美摔个好歹，省领导都饶不了你，懂不？"

毛丰美愣了一愣，问："哎呀黄书记，咋越说越离谱了，屁大点事儿，咋扯到省领导那儿了？"

黄书记面露喜色说："丰美，你知道我为啥骑自行车追你吗？"

毛丰美问："是不是你家猪病啦？"

黄书记板起面孔说："你就知道猪哇狗哇的。告诉你吧，县畜牧局电话通知，叫你30号去省里报到，参加4月2号的模范表彰大会！"

老吴一脸惊讶，问："啥？去省里参加模范表彰大会？"

黄书记横一眼老吴说："你以为开玩笑啊？丰美若摔个好歹，领导能饶了你才怪了。"

天色已黑，繁星闪烁。毛丰美的助手走出门时，见远处影影绰绰走来俩人，他想，可能是毛老师回来了，就站在门外向那两个人观望。两个人越来越近，他看清楚了，原来是黄运显一手推自行车，一手扶一瘸一拐的毛丰美走到门前。

助手急忙迎上前扶住毛丰美问："毛老师，你咋啦？"

毛丰美皱了皱眉头说："没事儿，把自行车骑进了沟里，摔了个跟头。"

助手忙把毛丰美扶进屋里，让他躺在一张简易木板床上，黄书记坐在他身边。赤脚医生给毛丰美的大腿抹红药水，边抹边说："算你命大，摔成这样儿还没伤着骨头。干工作不能不要命，我发现你比我还忙，一天到晚没有闲时候，治了牛马治小鸡，家家户户都跑遍了吧？"

毛丰美不好意思地说："全跑遍了，全大队十二个生产队，六七百户人家，哪家不跑到也不行。"

转天刚刚好一点儿，毛丰美就坐不住了，他原本就是一个闲不住的人。

一位大嫂来说家里猪生病了。

助手担心地问道："毛老师，能行吗？要不我去吧。"

毛丰美从助手手里接过药箱说："你只会打针，没有发现疫情吗？一个生产队有七八头猪犯了同一种病，这不是小事儿，我得亲自去看看。"

助手关心地说："毛老师，你可小心哪！"

毛丰美戴上狗皮帽子、手套说："我没事儿了，出去活动活动筋骨，腿好得也快！"

助手对来接毛丰美的大嫂说:"大嫂,路上照应点儿毛老师。"

毛丰美一瘸一拐地转身对大嫂说:"你先走吧,我骑自行车快,一会儿就撵上你了。"

大嫂点头出门先走了。

毛丰美对助手说:"把你自行车借我骑一下。"

助手把车钥匙递给毛丰美:"你的车呢?"

毛丰美说:"摔坏了,老吴给我修呢,还不知道能不能修好……"

毛丰美给猪打完针,转身对大嫂说:"猪窝里多放些稻草,春秋季节,气候异常,牲畜最容易感冒。"

大嫂说:"可不是嘛,俺以为天气暖和了,就把猪窝里的乱草清出来了,没想到,猪也会感冒。"

毛丰美笑了,说:"你以为牲畜就不感冒啊?嘿,人畜都一样儿,不经管好,都会闹病。"

大嫂端来一盆热水,说:"毛兽医,快洗洗手,进屋喝口水吧!"

毛丰美瘸着腿走到洗脸盆前一边洗手一边说:"水就不喝了,还得去别人家看看。"

大嫂说:"毛兽医,你这人就是热心肠,全大队没有不夸你的。"

毛丰美擦着手说:"唉,将心比心嘛。小家小户的养头牲畜不容易呀,若是得病死了,家里受损失,我这当兽医的也没尽职呀!"

大嫂说:"就你这心眼儿,肯定有好报……"

毛丰美说:"报啥呀,对得起良心就行了,说别的没用……"

黄书记来找毛丰美商量去省里开会的事儿。

黄书记提醒毛丰美:"这两天你就别下队了,把腿养一养,也不能一瘸一拐地去省里开会呀。"

毛丰美拍着大腿说:"估摸明天就能消肿了,肿一消就好了。"

黄书记说:"李主任说了,这次表彰大会,各行各业的先进人物都有。不过,兽医战线的劳模全省就两位,你是其中之一,这份荣誉可不小哇!"

"所以说,我觉得压力挺大,不把工作做好,怎么对得起组织呀。"

"这既是鼓励,也是动力。把省里的会议精神带回来,

毛丰美当兽医时随身携带饭盒，从不在老百姓家吃饭

咱还要传下去。"

"放心吧黄书记，我毛丰美别的能耐没有，要说干活，不在话下。"

"我知道，你是宁叫身子受苦，也不叫脸受热的人。不然，全大队的乡亲为啥给你竖大拇哥呢。"

"那是乡亲们抬举我，其实，我的工作还有好多死角。比如，我当兽医都七八年了，车家沟里那家姓胡的，一次都没去过，上个月才知道沟里头还住着人家。"

"生产队的人都像你这样，咱们大队的生产早搞上去了。唉，一年下来，一个工分才二三毛钱，你说这日子什么时候熬出头啊！"

"黄书记，我看，靠种地过上好日子，猴年马月都实现不了。必须走农商结合的路子。"

黄书记一愣问："什么叫农商结合？"

毛丰美小声说："把咱农村出产的东西拿到城里去卖……"

黄书记立马摆手说："丰美，你小子脑瓜确实灵活，社员都佩服你，可你也不能想歪门邪道，搞投机倒把呀！以后可不能释放这种言论了，要犯大错误的。"

毛丰美笑了，说："黄书记，我一介草民，哪有犯大错误的本事啊！"

毛丰美终于登上了去往省城的火车，他穿得利利整整的，坐在靠窗的位置上看书。

一位农民打扮的汉子跟他搭话："同志，你是干部吧？"

毛丰美放下书，说："啥干部啊，祖孙八代，全是条绒厂厂长。"

"噢，原来是织布的呀！"

毛丰美笑了，指着窗外的地垄说："啥织布的，干那个的。"

汉子琢磨一会儿，突然笑起来说："哎呀，都把俺弄蒙了，原来，跟俺同行啊……"

"看你穿得这么利整，还在火车上看书，俺还以为是干部呢。"汉子瞅着毛丰美的衣着。

毛丰美当兽医时用的包，包里装的是饭盒和兽医工具

"进城办事，不穿利整点，怕人家城里人瞧不起呀！"

"人靠衣裳马靠鞍，货卖一张皮。"汉子点头。

汉子又瞅瞅小桌上的书本，问："你看得这么入神，是写爱情的吧。"

"啥爱情啊，大闺女都十来岁了，还有闲心看那玩意儿？这是兽医用的工具书。"

汉子一惊，问："你是兽医？"

毛丰美点点头，"在大队兽医站干活。"

汉子一拍腿，说："哎呀！真是巧了，没想到能在火车上遇到贵人。兄弟你贵姓？"

"免贵姓毛。"

"毛兽医，俺家的牛经常胀肚，也不愿意吃草，瘦得像龙一样，你说这是啥病啊？"

"常见病，我送你一个偏方，吃上三回保准治好。"

"毛兽医，你若能治好俺的牛，我可就谢天谢地了。"

毛丰美问："你家有线麻秆没？"

"俺家不种那玩意儿，不过，可以淘弄着。"

"淘弄几斤线麻秆，把它剁碎，用水熬半个时辰，每天用麻秆水饮牛，喝几天就好利索了。"

"这么灵验？"

"没听人说过吗？偏方治大病。"

"哎呀，俺若早点儿遇见你，哪能花那么多冤枉钱哪！这两年哩哩啦啦花掉六七十了。"

"这个偏方，花不多少钱就能治好……"

"毛兽医，你说猪拉稀屎，是咋回事儿啊？"

"那不叫稀屎，用我们兽医的话说，那叫拉痢疾。"

汉子笑了，问："猪也拉痢疾？"

"人畜一个道理，不但猪拉痢疾，所有的牲畜都拉。"

"毛兽医，这种病有法子治吗？"

"有，用黄檗皮或板栗花熬水，搅在泔水里喂几天就好了。"

汉子喜出望外地说："这趟门出得真值，把俺心里的愁闷全解了。"

"老兄，我是凤城县凤山公社大梨树大队的，叫毛丰美。别的能耐没有，给牲口治个小病小灾还蛮有把握。有事给我写信，我帮你解决。"

"毛兽医，俺没念过书，脑袋也不好使，麻烦你把地址写下来，俺带回去，一旦遇到牲畜闹病，好给你写信联系。"

毛丰美从笔记本上撕下半张纸，写上地址……

说话间火车就到站了,旅客拥在检票口。毛丰美站在检票口外,见广场上熙熙攘攘,人头攒动,就像刘姥姥进了大观园,一脸茫然的样子。

广场前有十几个举牌子的人,牌子上写着各种会议的接待名称。

毛丰美找到了自己的名字,眼前顿时一亮,疾步走过去,跟举牌子的人说:"我是来开会的毛丰美。"

那人急忙接过毛丰美手里的帆布包,把他领到不远处的客车上……

客车上有二十几个人,看穿戴都是工人、农民的模样。

毛丰美笑着冲大家点点头,坐在一个空位上……

车里播放着《祝酒歌》,人们的脸上喜气洋洋。

毛丰美坐在车窗前,看着满城五彩缤纷的灯火,脑子里浮现出儿时的画面:

毛丰美十来岁,兄弟几个围坐在父亲毛福盛身边,听父亲给他们讲故事。灯台上点着如豆的油灯。

毛福盛说:"你们还小,等长到爸爸这个年纪,不但能实现楼上楼下、电灯电话的梦想,还能过上点灯不用油,种地不用牛的日子。"

毛丰美问："爸爸，种地不用牛，用什么耕地呀？"

毛福盛说："用铁牛，人家说，铁牛什么都能干，能拉车，能种地，还能爬山越河，可有劲了，若发起威风，能把咱家的房子拱倒。"

二弟毛丰满瞪大眼睛说："爸，那铁牛不成神仙了吗？"

毛福盛笑着说："比神仙还能耐呢，神仙供着还不干活，铁牛不用供着就干活。"

毛丰美问："爸，楼上楼下是啥意思呀？"

毛福盛说："听人说，把地上的房子全摞起来，一个压一个，能摞到树梢上去。"

毛丰满问："那么高，怎么上啊？"

毛福盛说："用梯子爬呗。"

毛丰美问："把房子摞那么高，被风刮倒了咋办？"

毛福盛说："是呀，爸也纳闷儿，你说把房子摞那么高，睡觉时轰隆一下倒了，连跑的工夫都没有，不活活砸死了吗？"

毛丰美问："爸，你听谁说的呀？"

毛福盛说："听东山你史大爷说的，他当过兵，见识多着呢，不会有假……"

脑子里想着这些，毛丰美不由得笑了，自言自语着："到省城一看，果真验证了老人的话，这不就是楼上楼下、电灯电话吗？"

被汽车拉到宾馆，毛丰美高兴地扑在席梦思床上，床是弹簧的，躺在床上颤悠悠的，毛丰美又把身子在床上弹了几下，自语着："睡这玩意儿也不踏实呀！"

妻子丁桂清躺在炕上，窗台上那盏如豆的油灯，照在儿子的小脸蛋上……

丁桂清用胳膊支起上身，瞅瞅身边的儿子，说："儿子，你出生时爸爸在省里开会，他若知道妈生下你，还不知咋高兴呢！"

女儿毛卉新醒来，揉着眼睛坐起来，问："妈，是不是饿啦？"

丁桂清点点头说："真有点儿饿了。"

毛卉新一边穿衣服一边说："妈，我去给你做饭。"

"不用做，把剩饭热热就行了。"

"妈，你等着，一会儿就好。"

"小心点儿，别烫着。"

毛卉新往外屋走着说："知道了。"

毛丰美躺在床上翻来覆去睡不着，叨咕着："睡这玩意儿倒是挺暄乎，可身子就像悬在半空一样，不踏实。"

他霍地坐起来，朝地上趿摸一圈，见床底下有空地儿，还铺着木板，说："地上有地方，何必睡那'空中飘'呢，干脆，睡地上得了。"

他磨身下地，把床上的被褥搬到地上铺好，一头拱进被窝……

刚躺下，突然有人敲门，毛丰美穿着裤头跑去开门。

敲门人站在门外，小声说："同志，俺睡这种床上，太不自在了，大半夜了还没睡着呢。"

毛丰美把那人拉进来，摁下开关，灯亮了。"仁兄，咱都是穷命人哪，这么好的铺盖，就是享受不了。你看，我刚把被褥挪到地板上，躺在上面才觉得踏实。"

来人捂着嘴笑，说："兄弟，你说咱是贱皮子不。看着人家城里人享福眼馋，这下轮到咱了，却把它当成遭罪忍受了。"

"仁兄，你是啥地方的？"毛丰美问。

"朝阳北票的，叫李俊元。"

"干啥工作？"

"在公社兽医站当兽医。"

毛丰美喜出望外地握住李俊元的手大笑，说："哎呀，太巧了！原来，咱兄弟俩是同行啊！"

李俊元抖着毛丰美的手，说："你也是兽医？哈哈，真是巧遇呀！兄弟，你是哪地方的？贵姓？"

"我是丹东凤城的，姓毛，大号叫毛丰美。"

"啊，毛丰美是你？太好了，太好了，我在简报上早就看到你的事迹了，太受教育了。"

毛丰美说："不值一提，李兄，既然咱们是同行，日后就取长补短，互相学习了。"

"是呀，这下认识了，日后可以用书信交流了……"

主席台上坐着一排领导，台下坐满了劳模，会场上不时爆发出热烈的掌声……

毛丰美和李俊元坐在一起，脸上充满着喜悦和自豪……

1977年，毛丰美迎来了人生中的重要时刻，这一年，他加入了中国共产党，并获得了辽宁省牲畜防疫工作和丹东市科学技术先进工作者光荣称号，成为县人大代表。这一年儿子毛正新降生。可谓是五喜临门。我们的泥腿子兽医专家毛丰美，每年挣的工分顶得上村里五个劳力，分值达到四百八十元，抵得上公社书记的年收入，加上丁桂清在生产队的收入和自留地出的钱，到了1980年，毛丰美家成为大梨树村的"首富"。

那时，中国农村改革刚刚露出曙光。三十一岁的毛丰美，已是三个孩子的父亲，大女儿毛卉新九岁，二女儿毛建新七岁，儿子毛正新三岁。他很知足，生活可以说要风有风要雨有雨，只需风调雨顺，沿着兽医这条溜光大道顺风顺水地朝前走，就可以了。但毛丰美的人生注定不会就此止步。

那是1980年春天的一个早晨，大梨树村的高音喇叭突然响起来："全体村民注意了，全体村民注意了，吃完早饭后，大家到大队院子开会，吃完早饭后都到大队院子开会。"

毛丰美准备到邻村为一头母牛看病，听到高音喇叭响，他犹豫了一下，又把自行车推回院子。

妻子正在喂猪，听到车子的响声，转过身问："怎么不去啦？"

毛丰美回答："要开会呢，咱不参加不好，让村里人说为了赚钱，脸皮都不要了！"

毛丰美来到大队部时,许多村民已经坐在了院子里,毛丰美提个马扎在人群中坐下。

台上,公社领导说:"社员同志们,我们要实行联产承包制,要搞活地方经济。但是,我们不能只看到自己的一亩三分地……"

下面一片议论:"这么点儿地,怎么致富?"

领导听到了台下的议论,因势利导地说:"大家说得没错,这点儿兔子不拉屎的山坡,怎么鼓捣,也弄不出几个钱。所以呀,要选一个有本事的大队长,选出一个能带领大家致富的当家人……"

众人纷纷起身,往台上走去,投票工作已经开始了。

投票结束,唱票员开始唱票:"毛丰美、毛丰美、毛丰美……蔡昌福、毛丰美、毛丰美……"

毛丰美瞪大眼睛,看着唱票的人。

选举结束,毛丰美高票当选。

村民们之所以选中毛丰美当大队长,也是有缘由的。树叶青,树叶黄,村村队长干不长。那个时期队长频繁更换,除了个人能力,更多的是别的原因。当时上级号召修大寨田，吃粮靠返销，花钱靠贷款，干部的误工补贴靠社员。村民的穷日子依旧，不满意，就不断地更换队长。

改革开放后，国家对农村的政策逐渐发生了变化，1980年，党中央、国务院强调社会主义新农村建设首先抓好农业生产，发展农村经济。大梨树迎来了一道曙光。村民感到大梨树村再也不能像过去那样频繁更换队长了，应该选一个人品好、有能力、有思想、有长远打算的人来做大梨树村的带头人。公社领导和大梨树村村民的目光，便不约而同地落在了毛丰美身上。

毛丰美心里清楚。这些年，村干部走马灯似的换了一茬又一茬，都是光鲜靓丽地上台，灰溜溜地下台。一年又一年，山河依旧，村民受穷仍旧……

那些天，毛丰美走到哪里，人们对他都格外热情，眼睛里流露出企盼的目光。他们盼望一个能人为大家谋点儿福利。毛丰美边打招呼边走。他感到脚步越来越沉重，心情也越来越复杂了。他尽量躲避众人的目光，匆忙中，他骑上自行车，不小心摔了一跤。

毛丰美刚要再次跨上自行车，听到身后有人喊："毛丰美！"

毛丰美转回头。

"公社来人找你了,书记让我来喊你。"

公社王书记等人走进毛丰美家的院子。王书记看到毛丰美宽敞的房子整洁的家,连连点头说:"不愧是辽宁两大兽医之一,这个家与普通老百姓的摆设就是不一样。"

陪同的大队支书张书记不失时机地说:"毛丰美家的经济条件比较好,他当兽医,很多人没钱给他,他照样给治病。"

丁桂清从屋里迎了出来,家里从来没来过这么多的干部,她猜想可能是为丰美的事而来,她说:"张书记,毛丰美出去劁猪了。"

张书记摆手,说:"没事,我找人喊他去了。你烧水泡壶茶,公社干部来了。"

王书记看着毛丰美家里的摆设,为一个穷村农民家庭有那么多的财富而感到惊讶:"瞧人家这日子过的……恐怕是十里八村最有钱的人家了吧?"

张书记点头说:"人家这钱可不是白来的。他自己研究配药,为了试验效果,先在自己身上打针,差点儿打成瘸子。"

王书记笑了起来,他没有想到一个农村的兽医,竟然能在自己身上试验治疗牲畜的药,这需要多大的勇气呀!没有一定的胆识和为事业献身的精神是做不到的,王书记赞叹说:"毛丰美确实是个人物!"

毛丰美走进院子,张书记迎上来说:"丰美,公社王书记来了。"

毛丰美忙躬身打招呼:"王书记。"

毛丰美没有想到王书记伸出手,想和他握手,他慌忙在自己身上蹭了两下,跟王书记握手。

王书记是个直爽人,他握着毛丰美的手说:"毛丰美同志,你家里收拾得不错呀。我是个痛快人,话直说了吧,你是个党员,不能自己富了,就不管村里的老百姓,要带领老百姓共同致富。"

毛丰美说:"我就一个劁猪打针的兽医。怕本事不够,压力太大了!"

王书记说:"不懂可以学。一点儿一点儿地钻,一点儿一点儿地学!"

毛丰美低下头。王书记鼓励说:"毛丰美同志,你年轻,听得多,见得多,脑子活,有钻劲,有干劲,这个大队长非你莫属。"

王书记见毛丰美始终低头不语,知道他听进去了。

书记走后,妻子担心地问:"别人都干不好,你能干好吗？"

毛丰美说："桂清，你记着，我不干拉倒，要干就干好！"

毛丰美说这话，不是一时心血来潮，三十一岁的毛丰美骨子里有一股不服输的劲头。干事，就一定干好，干出个样来。他反复琢磨，真当上这个大队长，应该怎么干。虽然思路现在还不是很清晰，但有一点他想通了：党不会让老百姓永远过穷日子，只要给政策，让放开手脚，就会找到办法。基于这种信心，他才有底气在公社党委书记面前拍了胸脯，在妻子面前打了包票。

妻子了解毛丰美的脾气，知道他这次是较真儿了。只要他较真的事，别人很难改变。

虽然拍了胸脯，打了包票，但大梨树这条底漏帆破的船想重新起航是艰难的，他必须投入全部的精力和心血。他对妻子说："当上大队长，可能顾不上家，以后你要多受累了。"

大梨树村新任大队长上任了。结果，从当上大梨树村大队长那天起，毛丰美披星戴月，早出晚归，家就成了他的旅店。谁也没有想到，毛丰美迈出的第一步为若干年后成为全国劳动模范、辽宁省特等劳动模范、辽宁省优秀党委书记、中国好人、时代楷模、连续五届全国人大代表打下了基石。大梨树的村民也不会想到，若干年后的大梨树村发生了翻天覆地的变化。毛丰美也不会想到，为了大梨树村的共同富裕，他在这个岗位上付出了全部心血乃至生命。

能干敢干篇
敢教日月换新天

党的方针政策里就有好日子。
我们不能改天,但我们可以换地。

大雁能提早嗅到春的信息。毛丰美这个农民的领头雁，在担任大梨树村大队长和村书记的三十多年间，统一班子思想，牢牢把握国家的农村政策，勇于走前人没走过的路。建设了凤城市第一家宾馆，成立了大梨树实业公司，兴建了凤泽大市场，建立了铸造厂、服装厂、缫丝厂、工业硅厂等十几家村办企业。

"老毛，真能干！"凤城人如此感叹。

毛丰美干的第一件"大事"是贩运小米。

1980年年末，党的十一届三中全会召开已经近两年了，可大梨树村人的脑筋还停留在老思维上。毛丰美上任伊始就开窗纳凉，紧紧抓住了搞活经济的牛鼻子。

他爱听广播新闻，喜欢和公社干部聊党的政策。他敏锐地感觉到，中央已经同意实行家庭联产承包责任制，并鼓励搞多种经营，单一的学大寨模式，已成为历史。他没有机会接触到中央文件，兽医站订阅的《凤城日报》《辽宁日报》和收音机帮了他的大忙，他知道中央在十一届三中全会上号召全国要解放思想、开动脑筋、实事求是、团结一致向前看，清楚中央明确指出应该让地方和企业、生产队有更多的经营管理的自主权，发挥创造精神。

毛丰美的第一把火，让村干部扬眉吐气！他在大队领导班子的会上宣布，从我们这一届开始，结束群众养活干部的历史，村里不向老百姓收一分钱，村干部的误工补贴自己解决。

大梨树村区位优势是离县城近，只有二十里，骑自行车半个小时就到了。毛丰美认定，城里人多钱多，机会也多。于是，他骑上自行车，一趟一趟往城里跑。没多久，毛丰美果真找到了门路。他想："既然十一届三中全会精神明确提出农民可以搞家庭副业，咱们这一班人怎么就不能做点小买卖养活自己？"

因此毛丰美才敢讲从此不向社员收小钱的话。他见大家用疑惑的目光看着他，知道多数人不相信，就进一步解释说："我既然当上大队长，就要给老百姓办实事、办真事，不能让老百姓骂我们大队干部是'土匪进家'。"

有的班子成员忍不住了，问："大队干部发工资，公社还要提留款，不跟老百姓要，你从哪儿弄钱？丰美，你信心足，干劲大，热情高，这些我们都认，可你说话得有点儿根据或来头吧？丰美，叫大队干部养活自己的话，只能在班子会上说，不能在社员大会上露出半句。如果实现不了，我们，尤其是你自己，以后还怎么在社员面前直腰说话？"

众人点头赞成。

毛丰美站起来，说："我这人有个脾气，从不说坐蜡的话。今天在班子会上说的话，我必须在社员大会上说出来，一是叫社员看看咱们新一届班子的能力；二是我要把自己的承诺，叫每个社员都知道，让社员监督我，同时也让我时刻保持高度警惕，来实现自己对社员们所做出的许诺。"

老书记提醒说："若是这样，你就悄悄地干好了，为啥要说出来呢？"

毛丰美朴实地向老书记说："过去，我只要有了新的想法，就跟丁桂清说出来，为的是叫老婆知道后，用来鞭策我，朝着这个方向努力。因为丁桂清是我的亲人。现在，我当上了大队长，全体社员也是我的亲人，我要让他们知道，他们在选票上没有白白给我画个挑儿。"

老书记为了维护毛丰美的威信，也为了稳妥开展工作，便强调说："刚才，丰美讲了好多宏伟蓝图，我听了很振奋。不过，好多事情就这样，说起来容易，做起来难。丰美的愿望不是不能实现，只要努力了，我想在三年五年，或十年八年之内，肯定会实现的。所以，我还要强调几句，班子会上研究的问题，不要到社员面前传播，不要让社员说咱们虎头蛇尾，雷声大雨点小……"

散会以后，妇女主任边走边和毛丰美聊天儿："毛队长，你在会上说的那些话，听起来真有点儿悬乎，我都不信。"

毛丰美说："程主任，你说我的话社员有多少相信的？"

程主任笑了笑说："有多少我也说不好，反正信的少，不信的多。"

毛丰美点了点头说："这说明，大家过穷日子习惯了，要说明年、后年能过上吃穿不愁的日子，谁都不信，也不敢信。所以说，若想带领群众过上好日子，不下番苦功，不费番周折是不能成事的。"

接下来毛丰美就开始琢磨来钱的道儿了。

毛丰美发现，县城市场上外地的产品多，比如山东的大蒜，辽阳的大葱，黑龙江的土豆，吉林的小米……观察几天，他发现这些产品销路还都不错。毛丰美想："既然有人把这些产品运过来，就说明有利润可赚，我们为何不能搞呢？"经过反复比较，毛丰美决定在损耗小、风险低的土豆和小米这两个品种上做文章。他们向卖土豆和小米的人打听产品来路时，人家为了守住商业秘密不肯回答，他便直接跑到铁路货运处，从产品的发货签上找到了发货地址。

听说要出外倒腾土豆和小米，大队班子的几个成员一时转不过弯来。这是投机倒把呀！投机倒把可是个骇人的罪名。

毛丰美开导大家说，过去是过去，现在是现在，大包干都搞了，还有什么不让搞的？咱们还是先干起来再说，反正我们是为集体赚钱。万一真出了事，都推到我头上，我一个人担着。

20世纪80年代初的吉林火车站，老旧、破败。毛丰美三人提着尼龙袋从火车上缓慢走了下来。冷风吹来，三个人同时缩起了脖子，毛丰美抬头看了看落山的太阳，夹紧了破大衣，冲在了前面，想挡住冷硬的风，让伙伴们少受一些寒风的侵袭。又一阵强风吹来，老史跑到了他的前边，打了两个哆嗦。毛丰美知道他是想为自己挡风，结果禁不起寒冷的袭击，竟然打起了哆嗦。毛丰美心疼地问他："冷吧？"

老史脖子一梗挺一下胸说:"不冷!"

毛丰美说:"不冷哆嗦什么?"

老史说:"饿了。"

毛丰美对老史的回答感到莫名其妙,他笑了笑说:"还嘴硬,没见过饿得打哆嗦的。走,吃饭去,吃点儿热乎的暖和暖和。"

三人直奔火车站出口。他们在大街上寻找饭店,老史问蔡昌福:"老蔡,要是现在有肉丝面,你能吃几碗?"

蔡昌福咽了口唾沫梦幻般的说:"五碗。不,六碗……也许能吃八碗。"

毛丰美扭头对二人笑了笑说:"你们不要着急,待会儿让你们吃饱。"

三人来到一个小饭店,他们选了一个靠窗口的位置坐下,毛丰美高兴地喊:"三碗面条。肉丝面哪。另外再给三大碗汤,就是下面条的汤。对了,汤多少钱?"

服务员以为毛丰美有意难为她,她是第一次遇到这样的食客。任何食客到了饭店,要碗汤喝是正常的,怎么还问钱的事。

服务员白了他一眼,没好气地说:"汤不要钱。"

蔡昌福没有想到毛丰美这么不讲义气,三碗面只够一个人吃的。三个人，每个人一碗只能吃个半饱。蔡昌福实在忍不住，急了，高声说："毛队长，你是给自己要的吧？"

毛丰美瞪了他一眼说："急什么，先吃了这三碗再说！"

服务员端上来三碗面条。毛丰美拿了过来，笑了笑说："别忙，咱们统一行动。"

此时服务员又端上三大碗汤。毛丰美从尼龙袋里掏出三个大饼子，一人分一个。他自己把饼子掰开，扔进汤里，然后从面条碗里拨了一些上面的卤子倒进汤里。老史也学他，开始朝面汤里掰饼子。

毛丰美又从一个小塑料袋里掏出三块咸菜，每人分了一块。

吃完了饼子，把一碗汤喝光，三个人面前只剩下一碗面条了。

毛丰美问蔡昌福："现在你能吃几碗面条？要是能吃了这碗，我再给你要一碗。"

蔡昌福打着饱嗝："我……还能吃两碗。"

毛丰美问老史："老史，你呢？"

老史说："我只能吃这一碗了。"

毛丰美又去要了一碗面条。

蔡昌福吃了两碗，撑得两眼发直。

他们在车站转了一圈，没有找到小旅馆，就又回到候车室。毛丰美把身上的大衣脱下来，递给老史说："我不要，你穿上。"

毛丰美叹了口气又说："有个小旅馆就好了！将来有了钱，我们在凤城火车站建一个，老百姓出门住店方便。再建一个大市场，百姓们买卖东西都方便。"

老史伸了伸舌头说："毛队长不是做梦吧？你穿的衣服不多，先保证不挨冻再说。"

毛丰美说："我里面穿了两件毛衣，纯毛的，暖和。睡觉时你们两个把我挤中间，我没事。"

三人找了椅子坐下，毛丰美坐中间，两人都倚靠着他。由于白天奔波劳累，一会儿三人呼呼睡了过去。一位车站工作人员走过来，担心有人将他们的包拿走，便帮助他们把包收拾在一起。知道他们是农村出来的，身上穿的衣服有些单薄，想拿一床被子给他们盖上，又怕吵醒他们，正犹豫间毛丰美醒了，警惕地问："看什么？"

工作人员笑了笑，说："老乡，你们冷吧？我拿床被子给你们？"

毛丰美看清了他身上的工作服和一副慈善的面孔，高兴地说："不用，有个大衣就行了。"

工作人员一会儿拿来一件大衣过来，毛丰美穿在身上，仰头躺在排椅上，感叹道："这可舒服多了。"

三人各躺在一张排椅上。蔡昌福幸福地说："还是躺着舒服啊。"

天刚亮，毛丰美就把蔡昌福和老史叫醒，三个人还了值班人员的大衣，向这位好心人致谢后，直奔粮库而去。粮库规模较大，问清了主任办公室，就找到主任介绍大梨树大队的情况，搞得主任一头雾水。

毛丰美说："孙主任，我们以前跟建昌粮库合作过，您不信，可以打电话问。我们拉走粮食，最多半个月，就能给您把钱转到账上。"

孙主任警惕地看着他们三个说："一家一个规矩。俺的规矩是不见钱不发货。"

孙主任坚持原则，始终不为其诚意所动。没有办法，他们又找了一家廉价的小旅馆住下。小旅馆里的炉火不旺，老史就拿一根铁条捅炉子，蔡昌福歪在床上打瞌睡。两个人对赊账倒卖的事儿失去了信心，国家粮库的粮食，怎么能随便赊账给农民呢？

毛丰美仍然没有丧失信心。他用笔在一个小本子上画圈，自言自语："咱跑了五家粮库。两家贵了，两家离得远,只有一家有希望赊账,但是这家价格也贵,我算来算去,还是三岔河这家最合适。老史,你说咱怎么办好?"

老史盖上炉盖,闷声闷气地说:"让家里人弄钱,买三岔河的货。"

毛丰美:"这叫胡话。能弄到钱就好了。蔡昌福,你说呢?"

蔡昌福猛然惊醒:"说……说什么?"

毛丰美看着蔡昌福,突然一拍床沿:"有办法了!"

第二天,粮库刚刚上班,毛丰美让两位伙伴在办公室外等候,他走进孙主任办公室,从口袋里抽出一支香烟递给孙主任说:"孙主任,我想了一个办法,您看是否能行。"

孙主任接过烟,有些不耐烦地说:"说说看。"

"现在是我们想要货,没钱,您也想卖,又怕我们不按时还钱。其实我们之间就缺一个人担保,或者说……缺个抵押物。这样,我们把一个大活人抵押在您这里,您看成不成?"

孙主任听了毛丰美的解释吓了一跳,说:"这个可不成!私自扣人是犯法的!"

毛丰美忙解释:"这可不是你们扣押的,是我们放在这里,跟你们保持联系的。孙主任,我把我们公社书记的电话给您，您如果还不相信我，可以打电话问书记。"

孙主任看了看毛丰美。毛丰美急忙又掏出一支香烟递给他。孙主任似乎对他的建议很感兴趣，又想了想，然后果断地对他说："我看你这人倒是信得过，我就信你一回。老毛，你得讲信用，可不能害了我。"

毛丰美大喜，赶紧向孙主任表决心："孙主任放心，我毛丰美砸锅卖铁卖房子，也得按时给您把钱送上。"

走出孙主任办公室，毛丰美对拿行李在门外等待的蔡昌福和老史说："老蔡，我把剩下的饼子都给你留下。给你的钱你省点儿花，我和老史尽快回来。"

蔡昌福笑笑，说："毛队长，我愿意，享大福了呢。"

毛丰美拍了拍蔡昌福的肩，和老史背着大包小包，往火车站奔去。

两火车皮的小米顺利到达凤城，毛丰美指挥村里的马车、拖拉机装车。车来人往，一派忙碌景象。接下来，凤城的大街小巷到处是卖小米的，然而卖的人多，买的人少，令毛丰美坐立不安。他再一次召开诸葛亮会议。

有人说："咱这儿买小米的少，卖得太慢。这种卖法，半年能卖出去就不错了。"

毛丰美坐在办公桌后，面容憔悴："大家再多找些人帮助卖，别村的人也行，只要能卖出去，一斤再给五厘钱。"

有人说："能找的都找了。现在凤城卖的都是咱的小米。凤城人用小米都是熬粥，不是主食。乡下有多少人能舍得买小米吃？买也是买个一斤半斤的。这可是一百二十吨哪！"

毛丰美急了："那就没有别的办法了？老蔡还在那儿押着呢。第一次跟人家做生意，说好了半个月送钱回去，不管想什么办法，也得先把本钱折腾出来。"

有人说："咱这边人还是认大米，要是能弄点儿大米就好卖多了。"

毛丰美突然眼睛瞪大，发出亮光："那就把小米换成大米怎么样？"

有人说："对，这个想法对路。东港那边产大米，他们却喜欢吃小米，咱把小米运过去，用小米换他们的大米，再

1981年毛丰美去吉林、黑龙江贩卖小米、土豆。这是零售小米、土豆时用的杆秤

把大米运过来,在这边卖大米。不过……这么一折腾,恐怕利润就不多了。"

毛丰美站起来:"不干怎么知道利润多不多?凤城离东沟县八十多公里,两个小时就到了。咱们马上干,我去雇车!"

毛丰美回到家,看到桌子上热腾腾的饺子,高兴坏了,他很久没有享受到如此优厚的待遇了。毛丰美孩子般来到妻子面前说:"呵呵,今天吃饺子!"

妻子心疼地看着他,强忍住眼泪,说:"看你这些日子瘦的,赶紧吃吧。"

毛丰美端起一碗饺子,打破了以往的惯例,也没问孩子们吃没吃,直接挑一个扔进嘴里。由于是刚出锅的饺子,太热,烫得他捂嘴吹气。妻子的眼泪再也抑制不住掉了下来,"以前三天两头吃,现在你馋成这样。你这官当的!"

毛丰美为了安慰妻子,让她放心,把饺子吞咽下去,朝妻子笑了笑说:"在外面天天喝酒吃肉呢。不过外边的饭食再好,也不如老婆包的饺子好吃。"

妻子抹了把眼泪,笑了,说:"吹,吹,听说你明天要到东沟县卖小米,那边风大,别忘记戴上帽子。"

一辆装满小米的拖拉机奔跑在乡间公路上。毛丰美穿一件军大衣，戴一顶蓝色的棉帽子。他坐在小米袋子上，坐一会儿，就抬头看看两边的米袋子。

走到一处有树林的地方，他只顾去拽一个快要掉下去的米袋子，让低矮的树梢把帽子挂走了。当把米袋子整理好，拖拉机已经跑出了狭窄的小路。拖拉机上了大路，司机一加速，他感到冷，一摸头，发现帽子没了，忙起来猛拍拖拉机车顶，边拍边喊："停车，停车！"

拖拉机司机不知道发生了什么事情，急忙刹车，探出头问："怎么了，队长？"

毛丰美愣了一愣，发现车已经跑出很远了，再返回去，怕耽误了时间，不返回去，就会辜负妻子的一片心意。那顶蓝色的帽子，是妻子花了十二元钱买的，丢掉太可惜了！毛丰美咬了咬牙，决定不回头取帽子了，继续赶路。他对司机说："我帽子掉了……算了，回去找还耽误时间，走吧。"

司机知道毛丰美急于出售小米的心情，不会让他掉头找帽子，看到他光头蹲在车斗里，天气又那么冷，担心冻坏了他的身子。司机说："要不，您进驾驶室吧，外面太冷了！"

毛丰美缩了缩脖子说："是挺冷。不过不能进去呀，米袋子掉了怎么办？算了，走吧。"

司机从驾驶室找出一块小毯子，递给毛丰美说："您用这个蒙头，就是有点机油味儿。"

毛丰美接过那块油渍斑斑的毯子说："没事，别说机油味儿，就是屎尿味儿，也比冻死好。"

拖拉机刚开到东沟县街上，毛丰美就亮起嗓子喊开了："小米换大米了呀，正宗的三岔河小米……"

有人走过来，疑惑地问："三岔河小米？没听说过。"

毛丰美这才想起来，自己提到的三岔河是一个小地方，东港人肯定不知道这个地方。他想到了小米产地的广阔区域，又喊了起来："松嫩平原正宗小米呀，色香味俱全……"

换小米的人开始多了起来，逐渐形成了一条涓涓溪流，源源不断地涌到了他的身边。毛丰美喜出望外，高兴地忙碌起来。

毛丰美满载而归，哼着小曲坐在拖拉机车斗的大米袋子上，头上仍然蒙着那块毯子。拖拉机开到那片小树林处，一闪而过时，他发现了挂在树枝上的帽子。看来今天路过此地的人不多，也没有大风光顾。树枝上的帽子仿佛战士的刺刀上顶着一个钢盔，毛丰美大喜，忙拍打拖拉机顶盖，让拖拉机向后倒，他把帽子摘了下来。

毛丰美组织人员很快卖完了大米，他信守诺言，在家乡给孙主任挂了个电话，说要提前返回粮库，与财务部门结账。他听到孙主任惊喜地连说了三个"欢迎"。

毛丰美又一次来到吉林市的粮库，他提着一个破旧的大皮包走进孙主任办公室，说："孙主任，我再弄两车皮黄豆。"

孙主任惊愕地看着他。通过与毛丰美的接触，孙主任改变了对农民的看法。以前孙主任是瞧不起农民的，他认为农民已经分田单干，都变得自私了。毛丰美说为集体鼓捣点儿粮食，增加农民的收入，在孙主任看来，这全是假话虚话，毛丰美可能打着为农民办事的幌子，自己发财。然而当毛丰美走了之后，他在与抵押人蔡昌福的交谈中得知，毛丰美当大队长之前很富裕，当了大队干部之后，一心扑在集体的事情上，家里的收入减少，生活质量反而下降时，这才转变了对农民的看法。毛丰美卖完了粮食就给他打电话了，孙主任更加钦佩毛丰美的为人。因此，当毛丰美交足了买粮的款项，拿到了所打的欠条，坦然地坐在孙主任面前时，孙主任主动起身给他倒了一杯茶，说："毛队长，我现在才知道了你的德行，以后有什么需要我帮助的尽管说。"

毛丰美喝了一口茶说："孙主任，我这次买你们两车皮的黄豆，你是要现款还是等等？"

孙主任笑了:"你要是有钱就给我;没钱,等等也行。我不信你还信谁呀?"

毛丰美幽默地说:"这次不用放个人抵押了吧?"

孙主任说:"别,可不用了。你那个人太能吃,我叫他到食堂吃饭,他一顿能吃八个馒头。毛队长,你赚大了!"

两个人开心地笑了起来。

毛丰美带领众人贩了两个多月的粮食,赚了一些钱。大队干部开会,毛丰美说:"忙活了两个多月,会计把账结出来了,除了各项开支,总共赚了一万多元钱。咱们这些人的误工补贴,再也不用老百姓掏钱了。"

有人鼓掌,毛丰美示意大家停下。他说:"这种生意风险大,利润薄。我们大梨树村要真的想好起来,还得研究点儿别的办法。经过这些日子倒腾,我心里有数了,咱只要肯努力,庄稼人的日子不一定比城里人差。"

有人喊好,有的人说:"这个有点儿吹吧。"

毛丰美没有生气,他知道人们的观念还没有真正转变过来。

毛丰美说:"不吹,这叫梦想!人得先有梦想,生活才会好起来,只要弯大腰,流大汗肯干,咱们就一定能行!"

毛丰美的发言,令村干部们感到震动。

1984年10月20日,党的十二届三中全会召开。对于毛丰美和他的伙伴们来说,这次大会是一场及时雨,也是定海神针。1985年开春,他组

1984年毛丰美在研究党的方针政策

织村干部学习文件,解除思想疙瘩。他说:"以我的理解,《中共中央关于经济体制改革的决定》符合咱们村实际,对商品经济、价值规律这些重大问题,我原先认识还是比较模糊的,没有冲破思想的束缚。比如,咱们村干部去黑龙江贩运土豆、去吉林贩小米,有些村民嘴上不说,背后议论我们在搞投机倒把。村里在凤城想开个旅店,有些村民又说我们不务正业。现在十二届三中全会说得清清楚楚明明白白,中国现在是社会主义市场经济,也就是以公有制为基础的有计划的商品经济。上升到理论高度,就是社会主义经济是有计划的商品经济,是对马克思主义政治经济学的一个重大发展呢。所以,咱们大梨树人,在凤城经商才是个开头,好戏还在后头呢。咱就是要刀对刀枪对枪地真抓实干,走在全县的

前头。进城开疆拓土,大胆搞商品经济,搞出个大阵仗来,亮出咱们大梨树人的真本事来,在凤城站稳脚跟、占领市场,赚得大钱,扎扎实实为咱们村改造荒山建果园开工厂打好基础。"

毛丰美的话,入情入理,鼓舞人心,在大梨树人心里点起了一把火。有人激动地喊起来:"毛大队长,俺们相信你,铁了心跟你走!"

贩小米的成功,给毛丰美带来了人气,为他树立了威望,坚定了他干下去的决心。

1982年,毛丰美在班子会上提出,到城里开旅店。

有的班子成员还是有顾虑:"咱们农村人,进城去开旅店,政策允许吗?城里人干吗?"

毛丰美耐心地对他们说:"原来没有大队干部为集体出外倒腾土豆小米的,我们不是也干了吗?党的政策肯定是越来越宽松。凡事要想在前,干在前,大家都去干了,还有咱们的份儿吗?所以,解放思想是关键。"

那是1982年,毛丰美三十三岁,上任两年。在四处奔波的日子里,外边的世界,让他增长了见识。那时凤城火车站附近是一片矮趴趴的小平房,由于旅店少,外地来凤城的客人住宿不方便。在毛丰美的提议下，大梨树村的干部们又一次讨论，统一了思想，决定在火车站附近买三间平房，租三间平房，办一个中下等的旅店——新凤旅店。

新凤旅店开业仅一年，就为大梨树村净挣了两万多元。这是大梨树村积累的第二桶金。

1983年，老书记退休，毛丰美不出意外，全票当选了大队党支部书记。

毛丰美凭着敏锐的眼光，不断地捕捉商机，然后果断出手。短短几年下来，当年穷得底儿掉的大梨树村集体，已经有了二十多万元的积蓄了。二十多万，在当时可是笔巨额财富哇！就在村里人琢磨着该怎么分这笔财富的时候，毛丰美提出了新的更大胆的设想：到城里建一座高档宾馆。如果这个设想实施，这二十万元要投进去，还要贷款一百多万元。大梨树村有些干部群众被毛丰美的想法吓坏了。

可是要想富，就得敢想敢干。1985年5月，村"两委"成员在毛丰美的带领下，发动村民和社会力量，集资一百零八万元，拉开了在凤城建龙凤宾馆的帷幕。

当时的凤城县，虽然被称为甲级县，但整个县城辖区，最高档次的住宿地，是那座几十年前修建的二层红砖小楼——凤城县政府招待所。县政府没张罗着盖宾馆,国营单位没有想到要盖宾馆,偏偏一个村要到县城里盖宾馆,这是不是有点儿太超前了?更要命的是,一下子欠下一百多万元的外债,这对于穷怕了的大梨树人,实在超出了心理承受能力。有好心的老人劝毛丰美:"小美子,盖宾馆花光了家底,还要拉那么多饥荒,要是赔了,把老婆孩子搭上都不够哇!"

还有和他一起长大的伙伴提醒:"农民的本分是种地。"

为了让班子成员意见统一,形成共识,毛丰美想起了改革开放初期的出国潮。让伙伴们到沿海开放城市转一圈,开阔视野,增长见识,可能会取得事半功倍的效果。毛丰美说到做到,他带领班子成员到广东、浙江等地去考察学习,看到南方一些农村经商办企业率先致富起来的典型,班子成员这才明白了毛丰美的志向,坚定了建宾馆的信心。

考察学习回来,班子成员的积极性调动起来了,他们和毛丰美一起,挨家挨户做工作:"有党的政策保驾,干过去没有干过的事,要早干,大干,机不可失,时不再来,过了这个村可能就没有那个店了。晚干不如早干,小干不如大干。"

听了村干部们鼓舞人心的话,村民们最终同意了毛丰美的意见。他们也许没完全理解毛丰美，但他们信服眼前这个当家人。

　　思想统一了，工作做通了，剩下就差甩开膀子大干了。毛丰美没有想到，第一个关口，就把他卡住了。盖宾馆首先要到工商部门登记，办理相关手续。工商部门见一个村要到城里来盖宾馆，说什么也不给办理手续。理由充分，上面没有规定，无据可查，无法可依。毛丰美急了，直接闯进了县委书记办公室，告工商部门的状。县委书记虽然也没有处理过此类事情，但被毛丰美说服了，亲自给工商部门打电话沟通，最后工商部门特事特办，为大梨树村筹建的宾馆项目开

1985年毛丰美和凤山乡领导徐建华一起办理龙凤宾馆的营业执照

了绿灯。

在凤城铁路车站附近的繁华地段建一座宾馆,这在当时可是一个大工程。一天,毛丰美的一个老同学找到他。

两个人一见面,对方开门见山地说:"老同学,听说你们村建宾馆,就凭咱俩的关系,把工程交给我怎么样?"

毛丰美说:"给你干?那不行,我说了不算。"

老同学不高兴了,说:"你说话怎么不算?我早就知道了,你是村里的一把手,现在的威望老高了,县领导见你都敬三分。你一跺脚,村里村外都晃荡。你喊一嗓子,哪个敢不听。"

毛丰美解释:"我是村里的一把手不假,可我身后是全村的老百姓,盖楼的一百零八万元是他们的血汗钱。哪怕花一分钱,我都得掂量掂量。出一点儿差错,都对不起他们。"

老同学向他表示:"这你放心,我肯定好好干,保质保量,盖出凤城一流的大楼,不给你丢脸。当然,我挣了钱,绝不亏待你,你也有好处,咱们两全其美。"

毛丰美急了,说:"老同学,你当年对我好,我都在心里记着。但公是公,私是私,不能搅和在一起。依你现在基建队的实力,这活你干不了,但你实在想干的话,我不拦你，招标会上见。"

盖宾馆不像开个小旅店那么简单，盖宾馆首先要征地，要动迁，要设计，要进料，要施工……大事小事一件接一件，难题一个接一个。开工后，毛丰美干脆吃住在工地。春暖花开的五月份开工后，到第二年冰雪交加的一月份竣工，在施工的二百七十天时间里，毛丰美多数时间在施工现场，他豁出去了。在建宾馆的近三百个昼夜中，有一次，毛丰美病倒了，妻子想把他接回家里住几天，他说什么也不肯。他说："大楼就是我，我就是大楼。干好了，大梨树就势起来了，干不好就全砸了。"宾馆完工，毛丰美体重掉了三十多斤，回到家，孩子都吓得直往后躲，认不出这个又黑又瘦的父亲了。妻子心疼得直流泪，"你咋累成这样啦？"

"去城里看看吧，宾馆盖起来了，老像样了！城里没有第二家，咱大梨树的！"毛丰美却沉浸在兴奋之中。

大梨树村的龙凤宾馆于1986年1月9日正式开业了，一座二千四百平方米、拥有一百五十张床位的漂亮的五层楼，在当时，是凤城最高的建筑。

城里人知道了城郊有个了不起的大梨树，大梨树有个了不起的毛丰美。

在多年的市场经济实践中，大梨树村人认准毛丰美是一位市场经济的弄潮儿，他能够坚定信念，抓住商机，把聪明智慧用在刀刃上。毛丰美是农民，却有企业家的经营理念。比如在经营宾馆的过程中，他让大家采取灵活的经营方式。首先是广告营销，毛丰美派人与铁路局联系，在沈阳至丹东这条线路的旅客列车上反复播放广告。那时候列车全年收取广播费不足千元，却起到了事半功倍的作用。再就是创意营销，营业之初，由于旅客不清楚宾馆的情况，整个大楼显得冷冷清清。毛丰美告诉宾馆经理，把整个大楼所有房间的电灯全点亮，营造出一种灯火辉煌、客人众多的气氛。仅这两项营销措施，就吸引了众多的客人。从此以后住龙凤宾馆的人渐渐多了起来。

为了更好地在县城发展，更近距离和市场接轨，毛丰美向村"两委"班子成员倡议，暂且把村委会搬到龙凤宾馆办公，等大家对市场经济有了一定的了解，再搬回村里，其实是让村"两委"成员换副脑筋。

龙凤宾馆开业一年，便产生了良好的经济效益和社会效益，大梨树村也成了远近闻名的富裕村。突如其来的成功，让毛丰美紧绷的脸上绽出了久违的笑容。

苦干实干篇
弯大腰,流大汗

鸡鸣上山干,头顶烈日干,披星戴月干。
一起想,一起苦,一起干。

大梨树村出名了，毛丰美成了家喻户晓的名人。然而，大梨树村的村民却开始惴惴不安起来。

为什么呢？

短短几年，大梨树村穷困的面貌改变了，班子团结了，村民满意了。十几年来，毛丰美作为一个最基层的村级干部，不仅展示出自己的人格魅力、领导才能，也彰显了他对党的政策深刻理解和准确把握的能力；更为突出的是，他勇于实践，敢于实践，总是想在先，干在前。改革开放的年代，不仅大梨树村需要这样的好干部，各行各业都需要这样的好干部。于是村民们想到，大梨树水浅，怕难再养住毛丰美这条大鱼了。

村民们的不安，绝非空穴来风。

那个时期，确实有许多单位看中了毛丰美，县里领导也有将毛丰美调到县畜牧局当副局长的动议。

毛丰美要被提拔了。

2002年6月，辽宁电视台到大梨树村拍摄毛丰美书记和大梨树村发展的专题片。几位记者做了个特别策划，他们扮成省工作组领导，背着毛丰美在村里散布他要被调走的消息，想看看老百姓的真实反应。村民们听到这个消息，立刻就炸了锅。不少人流着眼泪和"省工作组"的领导说："求求你们，别让毛书记走。只要能留下他，让俺们老百姓下跪都行！"

记者们现场连线给毛丰美看这段视频，倔强而坚强的毛丰美忍不住热泪盈眶。他感到这些年没有白干，老百姓信得着他。通过此事，毛丰美进一步坚定了与大梨树村民们一起想、一起苦、一起干的决心。

不安归不安，村民也在为毛丰美高兴，毕竟毛丰美为大梨树付出那么多，被提拔也是应该的。只是村民开始为大梨树村的前途担忧了，他们想不出，毛丰美离开了大梨树村，谁能替代得了他。他们也不敢想象，毛丰美离开了，大梨树村前景会怎样。

村民的这些不安心理和担忧的情绪，在一次记者的采访中彻底释放出来了。

那是一次普通的采访。采访前记者已经耳闻毛丰美可能被提拔，于是，采访中，记者随意问了一句："将来，毛书记被调走，你们愿意吗？"

本来活跃的采访现场顿时沉默了。

那时候的毛丰美已经是村主任、党委书记一肩挑了。

一个村民很动情地说："记者同志，倒退七八年，你们谁知道我们大梨树，别说来采访，请你们都不会来。可现在，记者这个来那个走，为啥呀？我们这儿变了！咋变了，毛书记领导得好哇！你说这样的领导谁愿意让他走哇！可话说回来了，人心都是肉长的，大梨树有今天，毛书记操了多少心，掉了多少肉，我们最清楚。他对得起我们，我们不能对不起他，我们不能耽误他的前程啊！"

一位老者接过话头："毛书记能被提拔，我们高兴。只是……只是我们实在舍不得。多少年了，我们好容易选了这么个称心的当家人，有他在，我们就有了主心骨，他真走了，大梨树将来可咋办，我们心里一点儿底也没有哇！"

老者说着落了泪，在座的村民一个个眼圈都红了。

消息传到毛丰美耳朵里，他的心情久久不能平静。

倒退七八年，毛丰美听到自己要被提拔肯定很兴奋。全家人跟着进城，过上城市人的日子，是求之不得的事。但此时的毛丰美，谢绝了上级领导的好意，决定继续留在大梨树。从上任那天起，毛丰美脑子里装着的，就是如何改变大梨树村的穷困面貌。白天想，晚上想，大梨树村的远景规划渐渐成熟，美好蓝图也十分清晰了。这个时候让他离开大梨树村，这些远景规划靠谁来实现。这些远景规划凝聚着他的心血，寄托着他和大梨树村人的希望啊！

大梨树的村民们舍不得让毛丰美书记走，毛丰美也割舍不掉和村民们的感情。三十多年来，上级想安排他当县畜牧业局副局长、乡长和主管农业的副县长。他也曾动心想试一试，可是想到撂下村里的事业，抛下一起想、一起苦、一起干过的人们，他心里就不好受，最终放弃了一次次难得的升迁机会。

毛丰美为稳定大家的情绪，在群众大会上做了郑重承诺："放心！我毛丰美不会走，别说让我去当局长，就是让我去当县长，我也绝不会离开大梨树！"

毛丰美的话赢得经久不息的掌声。

毛丰美是这样说的，也真是这样做的。后来上级组织要破格提拔他当主管农业的副县长，他放弃了。

毛丰美接着说："只要你们不怕累，我毛丰美和村'两委'的人，一定让你们过上和城里人一样的好日子！"

转眼，毛丰美当村干部已经十五年了，全村大大小小二十多座、占地两万多亩的荒山依旧，这始终是他的心病。如果不改变荒山，全村要集体脱贫致富，是不可能的。当龙凤宾馆在凤城有声有色的当口儿，毛丰美和班子成员们撤回大梨树，立志让大梨树村荆棘杂草丛生、乱石成片的两万多亩荒山秃岭，变成山清水秀的花果山。

毛丰美对村民说："大家都知道，我们大梨树村八山半水一分田，大头在哪儿？对，在山上！所以我们大梨树村的希望也在山上，我们要想过上城里人一样的好日子，就要指望这些山。"

有人沮丧地说："咱大梨树山倒是不少，可都是些穷山，没矿产也没有好土层，哪有啥指望啊？"

毛丰美说："山穷要靠治理，姑娘丑要巧打扮。"

接着他追问了一句："大家想想，要是把这些荒山栽上果树会怎么样？"

一位老者说："这山栽果树倒是行，只是坡太陡，怕长不好。"

毛丰美紧跟着问："那要是都修成水平梯田呢？"

老者回答："那肯定行，只是……那得费多少劲儿啊！"

毛丰美提高了嗓门："不费劲儿就能过上好日子？天上

从来不会掉馅儿饼！跟你们说实话，下面我要带你们干的事，就是要治理荒山，让荒山变果园！"

有人小声嘟囔了一句："全村这么多人，就算栽上百八十亩的果树，也不好干啥的。"

毛丰美听到了，问："为啥就修百八十亩？"

那人有些不好意思："那修多少？还能修上千八百亩？"

毛丰美坚定地说："不是修千八百亩，而是要修上万亩！"

众人吃了一惊："上万亩？"

毛丰美说："对，要过好日子，小打小闹不行，就要大干，我们就要在这些荒山上建成万亩果园，谁脑瓜快给我算算，一亩地栽一百棵果树，一万亩是多少棵？"

有人立刻报出数字："一百万棵。"

毛丰美盯着那人："再算算，一棵树结五十斤果，是多少？"

那人回答："五千万斤！"

毛丰美接着问："一斤少算，卖一块钱，多少钱？"

那人很快算出："五千万元！"

在场群众一阵惊呼！

毛丰美继续开导："而且这些果树一旦结了果，会有二十年的盛果期，那就意味着我们大梨树每年都会有五千万元以上的稳定收入，加上别的收入，你们说，我们的日子会比城里人差吗？"

在场的村民开始欢呼起来了。

毛丰美认真地对众人说："我不是在给大家画饼，也不是说，天上会掉馅儿饼，我想告诉你们的是，这就是我们大梨树的远景规划，我们大梨树的美好蓝图。要实现这个蓝图，没有捷径可走，只有干，只有流大汗，只有脱皮掉肉！"

一些年轻人喊了起来："毛书记，我们不怕流大汗，我们不怕脱皮掉肉，我们跟着你干了！"

人们被美好蓝图鼓舞着，激动着。但毛丰美知道，实现美好蓝图，这只是万里长征走出了第一步。

说干就干！想好的事情，毛丰美毫不含糊。1989年秋天，毛丰美安排在龙凤宾馆担任总经理的村党支部副书记刘天吉回村组织开发、修筑梯田、种植果树。为了做好示范推动工作，毛丰美和班子成员首先从他和刘天吉所在的丁家沟也就是大梨树第三村民小组开始筹划，将组里的集体用地和从组里村民手里租上来的自留山共计四百多亩山地整合在一起，整体开发。

刘天吉说："当时的丁家沟有四五个荒山头，村民的自留山大都栽种板栗和桑树，利用率低，效益差，处于半闲置状态。所以，毛书记在村民大会上提出的从村民手中租地统一开发果园的决策起到了一呼百应的效果。我们就按每亩十元的价格很快从三组村民手中租来山地三百多亩，再加上一百多亩集体用地，便拉开了架势着手干起来。"

刘天吉担任果园开发的现场总指挥，他首先向村民明确了种植果树的主要品种为桃树。桃树苗子统一从东港市进购。乡谚说："桃三杏四梨五年，大枣当年就赚钱。"因为桃树苗一般都经过了一年的培育期，种进去第二年就可以挂果，产生经济效益快。

刘天吉对村民公布了整个果园的布局方案和种植标准。村委成员先是带着请来的果树专家对聚拢在一起的整片山地分区域进行实地测量，确定了三米乘四米一个树坑的种植标准，决定在这四百多亩坡地上种植桃树两万棵。然后组建专业果树队，负责每一棵桃树的栽种，确保种下去的每棵树都能成活并按时开花结果。为了达到预期的效果，他们又建立起相应的运作机制。

计划容易制订，真正实施起来却不容易。他们要将零散的自留山整合成错落有致的集体果园，这其间有很长的路要走。首先得将原先山坡上的杂七杂八的植物剔除掉，然后要将坑坑洼洼的小片坡地平整一番，修成梯田，将各自为政的小区域连接成新的整体。然后，才能按照种植标准挖树坑。挖好了树坑，果树队才能依照标准种树。这四个环节环环相扣，缺一不可。但每一个环节都需要组织人力，耗费体力，都需要建立明确的运行机制来确保有序运作。对此，他们采取了如下措施：第一，自留山的前期清理和初步平整活计，由村民以户为单位完成。各家按照村上建果园的标准在规定的时限内，义务清理完自家坡地里的地面附着物，再由村里进行验收。第二，将四百多亩山坡地上用白灰标出的两万多个树坑的挖掘任务，按人头分摊给全组每个村民，并作为硬性任务，在要求的时限内义务完成。第三，对果树队的成员每个工时也确立了明确的种树任务以及质量要求，确定专门人员进行监督，按劳取酬。

1990年开春，先是从大梨树村三组开始，然后西沟、蔡家堡、小卡巴岭也分别加入进来，完成了一千五百多亩桃园的种植建园工作。接着毛丰美率领村民登上了荒山秃岭，一场轰轰烈烈改造家乡山河的群众战役打响了。

首先就是砍掉荒山上的杂树和零星几小块柞蚕场里的柞树，但在种植果树时，发生了一件大事。事件的起因还是砍树。

1989年毛丰美带领村民开始改造荒山，建万亩果园

砍树要办手续，要经过县林业部门的批准。大梨树村办了手续送到了县里，但办手续的过程比较复杂、烦琐，不像现在有绿色通道，特事特办快捷。那个时候的程序多，层层报转，这过程一拖就是一两年。可栽种果树不等人，如果等批文下来再砍树栽树，那就误了农时不赶趟了。毛丰美想起一位领导人说过：有比没有好，快搞比慢搞好。于是，毛丰美和村里的"两委"班子带领村民一边等手续，一边干了起

来。这其间砍了一些杂树,清除了蚕场,也栽了一些果树。

正当村民们干得起劲的时候,县林业部门的人来了,同时还带来了七个戴大盖帽的警察。他们来到了村部,进屋就问谁是毛丰美。屋里人回答毛丰美在山上干活,并问有什么事。来人说,有人举报大梨树村乱砍滥伐,情节非常严重,触犯了法律,今天来抓领头干的毛丰美,并说这个罪怎么也得判个七年八年的。

村里的农民们谁见过这个场面!过去村里发生打架斗殴、偷鸡摸狗什么的,顶多也就来仨俩警察,这次一下来了七个,事情的严重程度肯定小不了。

消息很快传到了毛丰美的妻子丁桂清的耳中,她急得饭也不做了,坐在炕上直掉眼泪,她告诉大女儿:"快,快去叫你爸!"

毛丰美得到消息后,往村部走去。有几个年轻人也放下了手中的工具,跟着毛丰美一起,到了村部就跟戴大盖帽的警察们理论起来:"凭什么抓人,毛书记不是坏人。"

"是不是坏人你们说了不算,上面说了算。"戴大盖帽的警察说。

村里的年轻人据理力争:"上面不了解情况。"

戴大盖帽的警察说:"怎么不了解情况?你们没有手续

就砍树！"

"手续早就送上去了，你们没批下来。"

"那就等批下来再干。"

"等你们批下来，黄花菜都凉了。"

毛丰美担心村民们与警察发生冲突，就对戴大盖帽的警察说："我就是毛丰美。有事儿说事儿，你们别把抓人的话挂在嘴边上，那都是吓唬人的，我知道。请问谁是林业局的？"

"我是。"一位穿便装的人站出来回答。

毛丰美说："不是有人举报我们砍树吗？你们现在就跟我到山上看看，我们砍的是什么树，再看看我们栽了多少树！"

林业局的人和戴大盖帽的警察到山上一看，嚯，漫山遍野几百号人挥镐舞锹地忙活着，他们都被这宏大的场面深深地震撼了。进而想到，从农村实行生产责任制分田单干以来，大梨树以一村之力，把荒山变成层层梯田，再栽上果树，毛丰美有多大的号召力呀！这是多么大的一项工程啊！这是改造自然、造福子孙的好事儿啊！如果不问青红皂白地把他抓起来，可能就会引起老百姓的反感，甚至产生不可想象的后果。

毛丰美对他们说："这是一期工程，八千亩，将来还要达到一万亩、两万亩。"

那个林业局带警察到大梨树村的人，口气立即变了："毛书记，今天这事我们也决定不了。这样吧，咱们一起到县里，把事情说清楚，这事会解决的。我们也相信上级组织不会处理一个一心为大家伙儿办事的人。"

毛丰美微笑着说："好吧。"

毛丰美向身边的村干部交代了几句就上了车，随他们去了县城。

在县政府办公室里，毛丰美见到了县、乡、林业局的领导，他一五一十把事情的前后经过说了一遍。县长问林业局领导："为什么这么长时间没批下手续？"

林业局领导说："大梨树的情况太特殊，联产承包了，没听说还有人组织村民集体造林。我们没有遇见过，没有先例，所以要谨慎行事。"

毛丰美说："小平同志提出摸着石头过河。一切让实践来检验，干了不是就有先例了吗？！"

林业局领导说："你们砍的树其中有一些是蚕场里的柞树，要砍，就得经过允许。"

毛丰美说："我们申请了，可不知猴年马月能批下来。

蚕场里的那些树都老化了，没多少效益，早就该砍了。我就奇怪了，村民的土地可以今年种苞米，明年种土豆，可我们集体的山上就不能换样种？中央号召发展'两高一优'农业，我们就是按照这个路子来的。再说，那些老化的蚕场，也就五十多亩，可我们栽了八千多亩的果树，这些，你们林业局去的人也看到了。咱们算算账，栽的是砍的多少倍？那是一百六十五倍呀！"

林业局领导听说后，高兴了，说："栽和砍的比例是一百六十五比一，这个账谁不会算？正愁没典型呢，这不是现成的嘛！"

领导们当即安排有关人员采访总结，并明确表态："以后大梨树的荒山开到哪儿，林业部门的手续就批到哪儿。"

毛丰美笑了。

果树栽上了，将来必须能运出去。但是要修路，就牵涉到一些实际问题。一天，二十多个需要迁坟的农户被请进村委会屋子里，村"两委"班子有关人员坐在一侧，毛丰美说："大家都知道，咱村里要围着果园修一条公路，正儿八经的公路，咱虽然没那么多钱，不能用柏油铺。但是我们可以全部用石头铺成，以后上山干活，即便是遇到下雨天，那路也是干干爽爽的。"

毛丰美喝了一口水，继续说："修路搭桥，百年大事，这活儿费时费力更费钱，修了这么一点儿，村里已经投入了几十万元了，这路要是全部修好了，得需要个百十万元，所以，这条路咱得好好修，眼光要长远。昨晚我去李忠福大哥家，李大哥年龄这么大了，也同意我的意见，那就是眼光要远。修路之前，我们村委开会，有人说咱就是农民，修路也就是修一条能上山的路，能跑拖拉机就成。我不同意这种观点，大家都知道，十多年前，谁家里买辆新自行车，那就是很了不得了，现在买摩托都不稀奇了，再过十年呢？我敢说咱村里很多人家都会买汽车。你们信不信？"

有人说信，有人说不信。

毛丰美笑了笑，说："我的意思是，咱修路不能修一条现在只能跑拖拉机，不能跑汽车的路，如果不能跑汽车，十年后咱还得另修路。这个大家伙儿同意不同意？"

众人都说同意。

毛丰美点头，说："所以，村委请了公路局的技术员帮我们重新规划了一下线路，原先咱村的路，为了尽量少占大家的地，不挪大家先人的坟，绕了很多弯儿。重新规划的路，就尽量不绕弯儿了，不是村里没钱，而是为了咱的后人，为了咱的年轻人少出力，为了咱的年轻人买上汽车后，能开着上山来摘苹果。今天来开会的，家里都有坟头在规划的线路上，这个没办法，坟头得搬走。搬哪里都行，只要是在大梨树村的地面上，不是在村里的果园和道路上，搬哪个山头都成。村里呢，也商量了一下，决定给每个坟头三百元补偿。我跟大家一样，土生土长的大梨树人，知道挪坟不是个简单的事儿，但是现在没办法，我希望大家能支持村里的工作，能为咱大梨树村的未来发扬一下风格，积极迁坟，我代表村委会，先谢谢大家了。"

毛丰美说完，看了看大家，大家都大眼瞪小眼，没人说话。

刘学奉说："这个事是村里的大事儿，是为子孙后代造福的大事。边门有个村子迁坟，村里是每个坟头补助一百五十元，毛书记说咱多补助点儿，大家也都不容易，就每个坟头补助三百元。毛书记主张修路，是为了大家好，为了村子的未来，如果毛书记像别的村书记那样轻闲，他也不必出这个力，操这个心，是吧？所以，希望大家都理解，多支持村里的工作。"

刘学奉说完，等了会儿，才有人说："迁坟这个事儿，不是钱的事儿，很多坟地都是原先的老坟地，祖宗先人都在这里呢，有坟头的能迁走，那些没坟头的祖宗咋办呢？"

刘学奉笑了笑，说："这个事儿这么说可玄了。人死如灯灭，纪念老祖宗过年弄个牌位就行。再说'文革'破'四旧'的时候，棺材啥的都扔出来了，老祖宗早就不在那里了。"

有人说："话是这么说，可是感觉上那还是家里的老坟地，咋能说迁就迁了呢？"

有人说："我同意，毛书记，您就说话吧，哪天迁。"

毛丰美说："这就开始呗，越早越好。老赵，谢谢你，开完会，你就找保管领钱去。"

老赵说："行，多谢毛书记。"

又有人站起来说："毛书记，我昨儿晚上和俺家秀山也商量了，秀山和我都同意迁坟。秀山说迁坟费劲儿，不过不能因为自己的事儿耽误村里的大事，我这两天打电话给秀山大哥和二哥，让他们回来选坟地。"

毛丰美说："行。你家秀山大事不糊涂，开完会你也找保管领钱去。"

李老汉站起来，说："丰美，我那啥，也不会说啥，祖宗是死的，咱是活的，即便老祖宗真的地下有知，他知道是为村里修路，也不会怪咱，我家的坟明天就搬。"

毛丰美也站起来，说："谢谢老大哥。您说得好，这是为大梨树人造福的好事儿，即便老祖宗地下有知，也不会怪咱。说得好！"

又有几户表态同意，剩下的不说话了。

毛丰美总结说："今天这会开得很成功，咱大梨树人有风格。迁坟的事儿说得比较仓促，我没想到今天能有这么多人当场表态，我很感动，你们支持我毛丰美的工作，我毛丰美不会忘了大家。我呢，要更加努力，把咱大梨树村建设好。没表态的，也不要紧，你们回家考虑考虑，商量商量，我相信大家都是通情达理的，都是希望大梨树村越来越好的，都是希望大梨树能修成一条跑汽车的大马路出来，想通了找村保管拿钱。谢谢大家！"

那时候，几乎是全村齐动员，家家户户、男女老幼全都鸡叫就上山，天黑才下山，真可以用锁头看家、烟囱站岗来形容了。用毛丰美的话说："小突击，大会战，专业队伍常年干。"

据不完全统计，仅大型会战就有百余次，动用人工十万多人次。在近十年间，大梨树村共投资两千万元，治理了二十多座荒山，把车家沟、蔡家沟、大西沟等五个村民组的荒山全都连成了片，修环山作业道十余条，总长八十七公里，修高标准的水平梯田一万六千亩，打井五十眼，栽桃、苹果、梨、李子、板栗等果树近百万株。

毛丰美说："开荒山修梯田建果园，需要钱，经商办厂办企业，都离不开钱。钱从哪里来？抓经济干出来的。大梨树'干'字精神最难能可贵的，就是敢于破除旧观念、旧思想。大梨树人敢干，但不蛮干；大梨树人苦干，但不糊弄干；大梨树人巧干，但不违反政策干。大梨树人抓钱，会抓钱，能抓钱，能够抓出效益。这缘于他们对这片土地的热爱，对村集体经济的热爱，缘于全村四千八百五十四名村民的互相关爱。"

岁月在延续，大梨树整理山川形成的花果山创造了四个"中国之最"：

一是中国最大的山川整治工程。大梨树除改造荒山、整修梯田一万六千亩外，还整治河流十四公里，修建水库五座，蓄水四十万立方米，修建黑色路面的村路十余公里。

二是中国最大的集体果园。大梨树除新建的一万六千亩果园之外，还有一万亩板栗园。

三是中国最大的五味子药材园。中药材五味子种植基地占地五千亩。

四是中国最长的山地生态观光小路。大梨树花果山八十七公里环山作业道，宛如在山间盘旋逶迤的巨龙，互补互连。游人可以徒步上山，看山看水，看花看草，体验休闲乐趣。

这四个"中国之最"，是大梨树创业者苦干出来的，那种苦干是对美好生活无限向往迸发出来的激情和力量。这就像是第一代大梨树人在山上埋下了黄灿灿的金子，有着不可

毛丰美在果园中察看

限量的宝贵价值；这就像第一代大梨树人找到了一眼圣泉，永远流淌着生生不息的不尽甘甜。

由于在改造荒山、修整耕地方面所做出的突出成绩，大梨树村1997年被国土资源部命名为全国国土开发整理示范区，被水利部命名为全国水土保持示范村。《国土资源报》以较大篇幅宣传大梨树村治理荒山的业绩，称大梨树村为"现代桃花源"。

当大梨树人在荒山上新建的第一个桃园里鲜红的桃花开满山坡的时候，改革开放的春风也吹遍了祖国的大江南北。

1992年上半年，中共中央分析了国际国内形势，总结了十一届三中全会以来党的基本实践和基本经验，明确回答了长期困扰和束缚人们思想的许多重大认识问题，把改革开放和现代化建设推向了新的阶段。

这是一个崭新的时代，改革开放的号角吹得格外响亮，大梨树人向荒山秃岭进军，向商业、工业挺进的步伐也更加沉稳坚定了。1992年2月，经丹东市委批准，大梨树村党支部撤销，组建中国共产党大梨树村委员会，建立了村级党委，并组建经济实体丹东市大梨树实业总公司，毛丰美兼任村党委书记、村民委员会主任、实业公司总经理三职。当时，大梨树村民委员会成员组成情况是：主任毛丰美，副主任程桂芝、车世玉，委员卢丽君、唐金秋、于博书、董春财。大梨树村党委成员有：党委副书记蔡克明、程桂芝和刘天吉。党委委员有：郑殿强、王运飞、车世玉。在实业公司里，毛丰美担任总经理，蔡克明、刘天吉、郑殿强、王运飞、毛丰珍担任副总经理。这是一个坚强有力的群体，村"两委"会的主要成员都参与到大梨树实业总公司，一个以工补农、城乡一体化发展模式正在成为现实。

此时荒山开发的事情已经步入正轨，毛丰美又一次伸出手来，捕捉一个新的机遇：他要着手筹建凤泽大市场了。

毛丰美喜欢倒背双手，站在龙凤宾馆五层楼上。整个凤城尽收眼底，火车站前熙熙攘攘的人群，引发了他的沉思。当时凤城的商场很少，小商品零售业处于小打小闹阶段，缺少一站式的购物场所。老百姓的日子过好了，对商贸服务业提出了更多潜在的需求。如何满足这种商贸来往，毛丰美想，应该摒弃以前那种小打小闹小门市部营业的方式，进入一个全面展开的新阶段。毛丰美瞄准了火车站附近那片平房。这些平房，破乱不堪，街不像街，路不像路，不仅影响交通，也有碍市容。毛丰美经过慎重思考，将自己心中孕育的蓝图，向村委会成员做了全面的说明。这一次大家的意见竟然完全一致。

他在村"两委"会上说："我想咱们大梨树村应该在火车站棚户区建一个大市场。市场建成后，会给我们带来丰厚的利润。我预见，如果咱们村能牵头，改造这片棚户区，把它建设成凤城的商业区热闹街，既有利于凤城城市的形象，完善城市功能，更有利于大梨树村的发展。"

按照大梨树人的设计方案，凤泽大市场建筑面积一万五千平方米，三层大楼，是一个封闭式的贸易商场。没有钱怎么办，还是建龙凤宾馆的老办法，集资加贷款。由于龙凤宾馆的成功运营，大梨树人的融资有了更多的底气。

凤泽市场的整个投资接近一千五百万元，这个数字在当时的村民心里，无异于天文数字。这对于毛丰美来说，就等于要向喜马拉雅山的珠穆朗玛峰发出挑战。这个阵仗大得有些超出了大梨树人的想象，这个大困难也难得让人寝食难安。珠穆朗玛峰有多高？当地人大都攀登过凤城西南的凤凰山，他们心目中的攒云峰已经高得让人头晕目眩了，但毛丰美告诉他们，珠穆朗玛峰的高度比十个攒云峰叠在一起还要高。他说，咱们在这里建凤泽大市场的路子是对的，干好了，咱们村过上像城里人一样的日子的目标就能变成现实。邓小平不是说了吗？不干，半点儿马克思主义也没有。既然农民搞家庭副业合法，包产到户合法，农民进城当个体户也合法，农民进城开宾馆合法，那咱们开天辟地在凤城建一个贸易大市场也一定错不了。不就是找钱吗，一千多万元的贷款我想办法去搞，就是求爷爷告奶奶，就是寻情钻眼找关系，咱们也要把这个难关攻克下来。我们要让人看看，咱大梨树人究竟有多大的本事，多大的气魄！

那段时间，毛丰美几乎着了魔。建设如此浩大的工程，一切都没有成法可参照，找钱的事情还没定下来，筹建工程中各种预设的建设方案更是令人心力交瘁。他的精神进入到了一种没日没夜没白没黑的工作状态。晚上正在睡觉，一个新想法，一个新思路，就像嗖嗖射向天空的焰火，刺激着他一个激灵从梦中惊醒，伸手推开盖在身上的被子，光着膀子一骨碌从热被窝里爬起来，拉开电灯赶紧将最重要的想法，记录到放在炕头的小本子上。如果当时没有超过夜里十二点或者是天色已经微微发亮，他就会毫不迟疑地拿起电话，给他要找来商量事的村委会班子成员打电话。遇到极其重大的事项或是有了最最关键的点子，他会立即招呼大伙来他家或是去村部开会。

功夫不负有心人,找钱的事情终于有了着落。毛丰美的双脚从大梨树到了凤城,从凤城到了丹东,又从丹东到了首都。精诚所至,金石为开。两个月下来,他终于弄来了一千多万贷款。紧接着,工程预算的制定,建设方案、动迁方案的确立,组织机构的建立,工程招投标方案的组织实施,也都有了眉目。大梨树人挺进城市的梦想大幕拉开了亮丽的一角。村"两委"会班子成员压在心头的那座珠穆朗玛峰终于豁开了一个大口子,敞亮的阳光照得人笑逐颜开。

接下来进入实质性的阶段,虽然有县政府开发办牵头做动迁工作,但摆在毛丰美面前的困难仍是多不胜数。当时的难题概括起来有三个:一是难动迁。一百四十一户老凤城人祖辈在这里生活,习惯了这里的邻里关系。二是难补偿。谁不想趁动迁之机,好好地讲讲价钱。三是难换观念。一个山沟子里的村庄,跑到凤城来逞什么能啊?你毛丰美是大梨树村的,竟然跑到凤城领导城里人,这也太疯狂了吧!

所有的困难都被毛丰美一一排除,1992年5月,凤泽大市场终于如期开工,当年的12月18日便竣工开业。大梨树人用速度与效率在凤城经济的发展史上登台亮相。新建成的凤泽市场，成了凤城市内最大的封闭商场。市场位于凤城火车站和客运站附近，交通便捷，且商品丰富、物美价廉，是面向大众消费的综合类商品市场。自建成以来，销售收入一直位居凤城地区商业、企业之首。市场一楼经营日用百货、家用电器、小食品、钟表等；二楼经营鞋帽、箱包、床上用品等；三楼经营服装。租赁柜台共计一千六百五十节，共有业户八百余户，从业人员一千六百余人，市场职工五十多人。外摊经营干鲜果、蔬菜、熟食等，共有业主上千户，从业人员两千三百余人。

1992年大梨树村进城建凤泽大市场时毛丰美工作照

大梨树村每年仅在凤泽大市场得到的摊位租金就达三百多万元，二十年累计上缴村集体净收入达到五千多万元。

大梨树人历尽千辛万苦建成的凤泽大市场，不仅是大梨树村的财富聚集之地，也是大梨树人的财富聚集之地，更是凤城人弄潮商海、商贸零售业精英成长的摇篮。现在凤城市内从事品牌服装、鞋帽专营店的成功人士，百分之九十都是从凤泽大市场起步的，有很多市场内的老业户，从普通的下岗职工、农民变成了现在的百万元户、千万元大户，跻身于凤城市内商业精英之列。

龙凤宾馆、凤泽市场的相继建成，给毛丰美和他的团队带来了前所未有的机遇。他们有了更为广阔的人脉资源和信息渠道。家有梧桐树，自有凤凰来。他们结识了八方朋友，掌握了最新市场信息，引来了资金，输出了产品，大梨树村集体经济的名气越传越响。几年工夫，大梨树相继办起了铸造厂、缫丝厂、服装厂、电熔镁厂、工业硅厂等十几个企业，全村九百多名剩余劳动力进城、进厂，成了人人都羡慕的工人，大梨树人的命运开始了整体改变。

1983年，毛丰美在凤城县里干得风生水起的当口儿，也顺应了改革发展的新潮流，以大力发展社队企业，尽快富

1992年毛丰美在凤泽大市场开业庆典上致辞

裕起来为宗旨，积极用行动去贯彻落实全县社队企业会议精神，在乡镇企业办的鼓动下，轰轰烈烈地搭上了大兴村办企业藏富于村的快车。毛丰美和村干部们热情很高，干劲很足，经过咨询、访问等方式进行了市场调研后，决定上马全村的第一个村办企业——大梨树铸造厂。他们认为，凤城作为一个历史悠久的机械加工城市，拥有大量农机、锅炉、汽车配件企业，需要很多小企业为其配套生产，开办铸造厂正逢其时。当年年底，该厂便顺利开工投产，其速度震惊了全县。试想一下，在当时，凤城农村承包到户工作才刚刚落下帷幕，市场经济还处于萌芽状态，毛丰美他们竟有胆识赶在全县各公社之前率先吃螃蟹，试水陌生领域，怎不令人刮目相看哪！这其中考验的严酷程度非常人可以想象。毛丰美对此坦然一笑：没有过不去的火焰山。不懂，咱就学；不懂，咱就问；不懂，咱就请专家。实践证明，他们的投入是对的，这个厂子第二年就有了效益。既解决了部分农民的就业问题，又在经营过程中积累了一些经验，为以后建厂打下了良好的基础。

1986年，毛丰美的团队又瞅准了凤城蕴藏的大量水镁石原材料和市场对镁的初级产品大量需求这个商机，开办了大梨树村第二家村办企业电熔镁厂。这个企业市场对路，产品粗放，需求量大，竞争小，因而迅速盈利，并且一跃成为大梨树村村办企业的支柱产业。

在随后的几年里，大梨树先后办起了碳素厂、缫丝厂、汽车配件厂、皮革厂、服装厂、钛铁厂、雄蚕蛾酒厂、工业镁厂、压铸件厂、五味子酒厂等二十多家企业。每到年底开会，村部前都停着一排小轿车。

大梨树村办企业挣到了村集体经济的又一桶金。村办企业挣钱了干什么？是用完分光，还是蓄势再干？大梨树村委班子成员似乎更具有前瞻性，想得更久远。他们修山、修路、修河，改善村里的居住环境，增加村集体固定资产投资。

这些村办企业的最初成长，给大梨树村的经济建设插上了腾飞的翅膀，为村里的集体经济夯实了基础，为毛丰美带领的团队后来出台的反哺农业、反哺旅游业、反哺村集体固定资产的宏伟蓝图取得了资金上的支持，增添了底气。

潮起潮落，连续近二十年办村办企业摸爬滚打，也让毛丰美和村委班子成员交了很多学费，摔了不少跟头，赔了不少钱。毛丰美他们深切地体会到：农民办企业，有局限性。知识储备、市场营销都是劣势。特别是进入21世纪后，随着国家经济发展和政策转变，大梨树村办企业和全国乡镇企业遭遇了同样的阵痛。

中国的市场经济大发展以后，各行各业的市场越来越不好做。三角债、市场紧缩等等一系列问题摆在大梨树决策人的面前。痛定思痛，毛丰美的目光变得深邃起来了，村"两委"会及实业公司通过开会反复讨论，分析利害，总结经验教训，最后统一了思想。他们将该忍痛割爱的立即挥刀断腕，该保留的充实资金做强做大。等到全国乡镇工业热潮冷却、进入低谷的时候，大梨树人审时度势，果断转移阵地，采取优胜劣汰、服务大局的方针，为适应新的发展环境赢得了先机。

关闭一批。对那些市场不对路、对环境影响较大的，坚决关停。如缫丝厂、汽配厂、皮革厂和服装厂。

转制一批。对那些需要一定专业知识但有一定市场的，就地转制。如钛铁厂。

出售一批。对那些三角债缠身、市场前景一般的，有人愿意接手，出卖。如五味子酒厂、压铸件厂、碳素厂、电熔镁厂。

大梨树人对自己的企业有着深厚的感情，他们仔细研究每个企业的不同，给出了不同的药方、不同的解决方案，不搞一刀切。这是一种责任的体现，更是巧干精神的体现。企业的整改，为大梨树腾出精力搞旅游服务业提供了空间。大梨树发展要轻装上阵，不能带着沉重的历史包袱走向新的舞台。

那么，大梨树人在毛丰美的带动下，抓工业的新手段有何不同，有什么广泛的意义呢？我们先看看大梨树"十二五"工业发展规划怎么说。文件中明确提出，要依托区位和环境优势，充分利用工业园区规划用地和优惠政策，坚持集体企业与民营企业同步发展，大力培育产业支撑，广泛招商，引导企业和要素集聚，落户大项目，创办大企业，盘活小企业，全力推进园区工业发展。

村工业龙头企业——大梨树金翼钛业有限公司首次进入我们的视野之中。该公司总投资二千四百多万元，占地面积两万多平方米。2009年年初正式投入生产运营时，只有两台1800KVA矿热炉。经过近五年的发展，现已拥有1800KVA矿热炉五台，2000KVA矿热炉两台，3150KVA矿热炉四台，年可生产优质高钛渣三万余吨，生铁一点五万余吨。

2012年，高钛渣市场处于高峰时，公司有职工二百四十多人，月产高钛渣二千五百吨左右。现高钛渣市场处于低谷，公司有职工一百二十人，月产高钛渣一千吨左右，职工多为大梨树村民和邻近乡镇村民。以金翼钛业为骨干的规模化工业，形成了农产品加工、机械加工、矿产加工竞相发展，集体与民营同步推进的发展势头，钛铁生产规模位居全国同行业前列。

大梨树人坚持诚信为本、质量第一的经营理念和互利双赢的合作原则，创新合作机制，建立合作联盟，拓展合作渠道；扩大对外招商，承接产业转移，壮大工业规模，提高经济发展贡献率。为实现工业强村奠定坚实的基础。

目前，大梨树村除金翼钛业有限公司外，还有碳素厂、电熔镁厂、灯泡厂、液化器配件厂、步道砖厂、奥远机械等民营企业继续保留，形成了分类明晰、产品多样、集体和民营多种经营形式并存、层次丰富、相互补充、生命力强的村办企业新架构，显示出持续发展的勃勃生机。

劳动中的毛丰美

农民们要想走上致富路，必须吃得苦中苦，改造荒山、建立大市场、发展村办企业，这一件件大事的背后是锐意前行、不怕苦难的奋斗之心。

巧干篇
善于观察，善于研究

党的富民政策里就有机会和财富。
听党话跟党走就能发展致富。

从外表看，毛丰美是个粗枝大叶的人，说话也是胡同里赶毛驴直来直去，办事风风火火。实际上毛丰美的心是很细的。他善于观察，善于研究。

大梨树村的春天，万亩果园里开满了各色的花卉，为什么不对外开放，让人们来这里领略大自然的美景，留下游玩者美丽的倩影？秋天果园里挂满了五彩缤纷的各类水果，为什么不可以让游人到果园里来亲自采摘，体验收获的喜悦？倘若果园对外开放，不仅可以得到门票收入，又能把水果顺水推舟地卖出去，同时还可以省下采摘的人工、运输的费用和推销的损耗；城里人愿意吃农村饭菜，干脆开个农家饭庄，既为游人解决了吃饭问题，又能开发出一个新的经济增长点；曾经响应国家号召"上山下乡"的知识青年是个庞大的特殊社会群体，这些人如今大多事业有成，如果能够为他们打开一扇记忆之窗,相信会吸引许多老知青带着他们的家人孩子到大梨树村来……毛丰美越想越兴奋,一个以万亩果园为依托,带动生态农业旅游和餐饮娱乐的新的发展思路形成了。

毛丰美的作风是想好了就干,他和村"两委"成员统一了思想。没有多久,果园就对外开放了。山下还建起了两个饭店,一个饭店取名叫庄稼院,另一个饭店取名叫青年点。

知识青年"上山下乡",给昔日的穷乡僻壤带去了文化发展的春风。回到大梨树村的知青们,多数都是毛丰美的同龄人,他们亲历了大梨树村的贫穷,也曾参加过最初的创业。如今见到昔日的荒山野岭变成了花果山,个个情绪激动,纷纷在果园里摄影留念。同来的孩子们更是兴奋异常,在大人的帮助下,采摘各种水果,享受着从没体验过的快乐。农村特有的粗茶淡饭让他们食欲大开,赞不绝口;回忆起青年点的一些往事,更是心潮澎湃,他们怀念那段青春的岁月,曾经的艰苦奋斗如今都变成了美好的回忆……

走进庄稼院,仿佛走进了农家:锄头、镢头、犁杖、驴夹板、牛鞅子、连枷、碌碡、簸箕、笸箩、碾子、磨,各种农具应有尽有;苞米、高粱、谷子、花生、大豆、萝卜、白

大梨树村新貌

菜、茄子、辣椒、南瓜、西葫芦，各种农作物样样俱全。还有农村特有的大铁锅，农村特有的大火炕，连每个单间都是用二十四节气命名的。农村的饭菜更是品种齐全：笨鸡肉、笨鸡蛋、芸豆锅、酸菜锅、大豆腐、小豆腐、水豆腐……山上采来的大耳毛、刺拐棒、刺嫩芽、榛蘑、松蘑、趟子蘑……河里捞来的各种鱼：穿丁子、沙轱辘、鲇鱼、鲫鱼、瞎嘎子……主食更有满族特色：酸汤子、楂子、黏豆包、黏火烧、粉面饺子、糖三角……让来过农村和从农村走出去的人一进庄稼院就觉得分外亲切，让没来过农村的人更觉得新鲜、开眼界。一些城里的父母带着孩子来到这里，让孩子们亲眼看看书本里的农具和农作物到底是什么样子。青年点的饭菜和庄稼院区别不大，但里边的布置则别具匠心：饭店走廊和屋内挂满放大了的当年知青们的照片。那具有时代特征的装束，那青春的容貌，那对未来充满希望的表情，让每一个走进青年点的老知青无不感慨万分，唏嘘不已。更为特别的是，青年点各个单间里的墙壁，既没有刮大白，也没有贴

壁纸，而是一律贴着旧报纸，那报纸又不是现今的旧报纸，而是老知青们下乡同时代的报纸，老知青们看着这些特殊年代的报纸版式，看着上边打着强烈时代烙印的文章，仿佛进入时光隧道，重新回到了那难忘的岁月……

随着越来越多的人到大梨树村赏花采摘，随着庄稼院、青年点越来越火，大梨树村村民那颗悬着的心终于放下了。人们不再担心水果卖不出好价钱，也不再担心集体收入会减

少。相反，随着到大梨树村旅游人数的增加，不仅门票收入在增加，饭店收入在增加，各家各户的收入也在悄然增加。那么多人来到大梨树村，他们每天要消耗掉大量的时令蔬菜和农产品，而这些东西大部分来自本村村民的小菜园。腰包里有了钱，村民的生活越来越富裕，家家盖起了新房，置办了家用电器，年轻人都骑上了崭新的摩托车。村民觉得，他们的生活不比城里人差多少了，他们感到无比的幸福和满足。

但大梨树村有一个人不满足，他就是毛丰美。

陪客人去一次凤凰山，毛丰美就受到一回刺激。虽然到大梨树村去旅游的人在不断增加，但和到凤凰山旅游的人数相比，还是相差太多。毛丰美特意问下山的游客："知不知道这附近有个大梨树村？想不想顺便到大梨树村去玩一玩？"有人回答不知道，有人知道却没有去大梨树村的意愿。毛丰美感到，大梨树村的旅游项目虽然已经做得不错了，但和凤凰山比，名气还太小，影响还太小。毛丰美暗下决心，一定要把大梨树村的旅游项目做大做强，他希望有一天，所有到凤凰山来旅游的人，都不忘到大梨树村走走，让大梨树村和凤凰山成为比翼双飞的著名旅游景区。

大梨树村要比肩凤凰山,这个想法要是前些年提出来,人们肯定觉得不可思议或者说异想天开。如今有些人虽然心里觉得不可能,嘴上已经不再说出来了。因为毛丰美已经让许多的不可能变成了可能。

想法有了,但毛丰美心里比谁都清楚,大梨树村与凤凰山在旅游资源上,是有巨大差距的。要比肩凤凰山,没有别的路可走,只有一个字:干!

为了方便游客开车上花果山,村里花重金把一百多公里

大梨树风光——绿色长廊

大梨树风光

的环山作业道，全部铺成了柏油路，游客的车从果园入口进去，可以开到花果山的每一个山头，尽兴之后，再沿回程路线下山。

为了方便徒步旅行的游客，毛丰美带人在花果山的重点路段修建了十八公里的绿色长廊，长廊采用钢制架构，在路的上方撑起一溜长棚，两旁栽满野葡萄，绿色的枝叶爬满棚顶，游人走在长廊下，微风习习，阅尽花果山景色，又可避免烈日暴晒之苦。

村里在花果山的高处建起了雄伟的"干"字文化广场，

游客可以在这里临时停车小歇，鸟瞰山下，赏花、赏果、赏景，同时又可以感受大梨树人苦干、实干、巧干的"干"字精神，领略大梨树人苦干三十年取得的巨大成就。

村里在药王谷内供奉着十三位神医药圣，中医药常识和养生经验抄录在墙上，随处可见，游人可以边品阴阳泉，边读养生经，在休闲娱乐中获得健康秘诀和保健知识。

做足山上的文章，又做起了山下的文章。

以青年点为基础，创建起占地面积一万平方米的知青城。知青城内再现了当年知青的生活场景，展出了他们当年生活学习劳动的老照片，展现了红色年代的一些史料，为老

大梨树养生坛

2004年毛丰美察看五味子长势情况

三届知青们提供了追忆往昔的场所，为游人们提供鉴赏品评和受教育的空间。

丰富了庄稼院的服务项目。除了发掘更多的带有民族特色的饮食外，还开发了一些休闲服务项目，如为游客举办篝火晚会，让来自四面八方的游客，在篝火旁载歌载舞，尽情地玩乐；组建小剧团，定期为游客表演丰富多彩的文艺节目。

村里建起了辽宁省最大的村史馆。村史馆里用图文并茂的形式展示着大梨树村的奋斗历程，让游客了解大梨树村的丰厚历史和取得的众多荣誉。

　　大梨树河虽然不大，但没有受任何污染，清澈见底，捧起河水就可以直接饮用。毛丰美带人在河边修坝，将水蓄起来，在河边建起一个具有民族特色的村落。河水映着绿树，映着岸边房舍的白墙墨瓦，为大梨树村平添了几分神秘和美丽。

　　美丽的大梨树河边，还坐落着一座影视城。

　　2006年6月，毛丰美听说一个剧组拍农村题材片正找外景地，便央求剧组到大梨树村看看。

大梨树村景

大梨树村新貌

"你们那儿有影视城吗?"剧组问。

"那我们就现建一个。"毛丰美答。

"我们9月就开机了,现建一个来得及吗?"剧组问。

"大梨树村山清水秀、鸟语花香,我们很快就能量身定做一个影视城,而且白给你们用。"毛丰美答。

一个月后,剧组负责人看了大梨树村影视城的建设有模有样,当场拍板200多人的剧组入住大梨树村。

同年9月,《女人一辈子》在影视城开机。后来,《天大地大》《勋章》《眼中钉》《小姨多鹤》等多部电视剧相继在影视城拍摄完成。著名影视演员李幼斌、孙俪、殷桃、陶红、罗海琼、何冰、李琳、高明、车永莉等相继在这里倾情表演。电视剧拍摄期间，到大梨树村旅游的游客，不仅目睹了演员们的风采，还可以客串群众演员，参与影视剧的拍摄，扮演老爷、少爷、三姨太……过一把演员瘾！即便影视城不拍电视剧了，游人来到影视城，看到那些电视剧里熟悉的场景，演员们使用过的道具、穿过的演出服，演员们在剧中的演出照，照样觉得开了眼界，饱了眼福。

经过毛丰美和大梨树村村民的不懈努力，大梨树村知名度越来越高，到这里的游人越来越多，大梨树村和凤凰山景区差距越来越小。2013年7月21日，一个消息传来：凤凰山景区升格为国家AAAA级旅游景区。原来同是国家AAA

大梨树水乡风光

级旅游景区，现今凤凰山景区升格了，大梨树村又被甩开了。当时已经患病的毛丰美听到这个消息，对班子和群众说，不行，还得努力，我们也要把大梨树打造成国家AAAA级旅游景区。那以后，毛丰美的病情加重，大梨树村的班子成员和村民，为了让老书记在世期间听到一个喜讯，更是加快了建设景区步伐。在辽宁省各级旅游部门的支持和帮助下，大梨树生态农业观光旅游区申报国家AAAA级旅游景区工作正式启动。经过前期申报、自查自检、现场评定、按规整改等环节，2014年12月，大梨树生态农业观光旅游区终于成功获批，成为国家AAAA级旅游景区。遗憾的是，此时

毛丰美已经离开大梨树三个月了，大梨树村班子成员和毛丰美的亲人们专程来到他的坟前，含泪向他报告这个好消息，以告慰他的在天之灵。

如今的大梨树村，和凤凰山一起，成为凤城市的名片，成为丹东市乃至辽宁省的著名景区。

廉者，毛丰美
廉洁，自律

我们要做廉洁的干部。我们自己干净了，腰杆就硬，说话就好使。

改革开放以来，一些村干部名义上为村里拉项目，实际上为了自身利益经常聚在一起吃喝。这些人不讲规则，打一张白条子就在村里报销。毛丰美对此深恶痛绝。他上任的头一天，在大队领导班子会上，就斩钉截铁地说："村干部吃吃喝喝那些事，是村民最反感的。从今以后要杜绝，我们要做廉洁的干部。我们自己干净了，腰杆就硬，说话就好使。"

毛丰美是这样说的，更是这样做的。他当了三十多年的村干部，从不去娱乐场所，村里来人他也很少陪同宴请。在辽东山区，一进入腊月，家家杀猪，互相吃请成为习惯，村干部理所当然地成为被邀请的对象。为村民们忙活一年了，被请到家里吃点儿猪肉血肠，表表心意，也无可厚非，可毛丰美从没去村民家吃过一回杀猪菜。

大梨树村和毛丰美的名气越来越大,大梨树景区的牌子越来越亮,慕名到大梨树来参观学习的人也越来越多。有上级部门,也有全国各地的兄弟村庄。许多亲朋好友来到,作为东道主必然要招待一番。然而,大梨树村是个例外。他们的原则是,除非特殊情况,否则毛丰美一律不参加。一是他太忙,不想把有限的精力过多地放在应酬上;二是一些部门是抱着吃喝逛景的目的来的,毛丰美看不惯那一套。

改革开放以后,人们的生活水平逐步提高,社会上出现了一些不良风气。大操大办屡禁不止,随之而来的赶礼之风越刮越盛,尤其在农村,赶礼的名堂越来越多。不但红白喜事要赶礼,老人祝寿、小孩满月、学生高考、青年当兵、盖房上梁、乔迁新居,甚至盖厦子砌墙、老母猪下崽都要操办一番。你办我也办,不办就吃亏。如此恶性循环,辛辛苦苦挣下的钱都赶礼了,让许多人家不堪重负。本来就对旧风俗有抵触情绪的毛丰美,决心从本村抓起。

1997年初,村党委召开会议,会上学习了党的十四届六中全会审议通过的《中共中央关于加强社会主义精神文明建设若干重要问题的决议》。毛丰美说:"我们这些年村里的各项事业有了很大的发展,同时也要大力加强社会主义精神文明建设。咱们大梨树村抽调专人成立了精神文明办公室，制订了精神文明建设发展规划。但这些还不够，还要抓得再细一些。比如现在社会上赶礼的风气盛行。你也赶礼，我也赶礼，赶礼赶得有些人家直叫唤。别的地方咱管不了，要管就管咱们自己。回头大伙征求一下村民们的意见，要是同意的话，就立个规矩，刹一刹这股歪风。"

于是，大梨树村党委在普遍征求意见的基础上，制定了《村规民约》并在村民代表大会上获得通过，这项工作在全丹东市是第一家。《村规民约》共计二十条，其中第四条规定：坚决制止大操大办之风，除红白喜事可操办外，对其他一切事情禁止操办。如有违反者，对操办者进行处罚。鼓励对操办者和参与者进行举报，事前举报者奖励第一举报人五百元。村民不许参加在本村居住的外地人员在村内操办的除红白喜事以外的宴请，如有违者，取消全家一年的福利待遇。

此规定一出，在村民中就引起了强烈的反响，有叫好的，也有反对的。

毛丰美语重心长地对村干部们说："老百姓太不容易了，他们没钱，别去占他们的便宜。"大家听了点头称是，纷纷表示按毛书记的话做。

村里把《村规民约》发到每一个家庭，贴在墙上，让大家熟悉《村规民约》里的每一条内容，做到入脑入心。

如今，大梨树的《村规民约》已经在村民的头脑里扎下了根，村民们自觉按《村规民约》来约束自己。

20世纪90年代初，毛丰美已经在大梨树村当了十多年的一把手，既能干又有威望。毛氏家族在村里是大户，邻里亲戚朋友早就听说毛丰美的大女儿毛卉新在城里处了一个对象，就等着当娘家客喝喜酒了。

大女儿要结婚了，当妈的高兴得不得了，忙着给姑娘置办嫁妆。可邻居只见她家的嫁妆置办齐了好长一段时间，就是听不到姑娘出嫁的消息。因此，有好事的人来到毛家，问毛卉新啥时办喜事。毛丰美的爱人丁桂清说，我也不知道，反正是快了。

亲戚、邻居们等啊等啊，突然有一天，毛卉新穿着红棉袄，头上戴着花，和爱人回门子来了。原来他俩已经在1991年元旦那天结婚了。

"你家大姑娘结婚了，我们怎么不知道？"

"俺家老毛说了，新事简办，不麻烦大家了。"丁桂清说。

就在毛卉新结婚的前一天，丁桂清的姐姐从宝山大营子到妹妹家串门，丁桂清几次想张嘴告诉姐姐姑娘结婚的事，终于没开口。毛丰美曾经对她说过，咱家亲戚多，只要有一个知道就都知道了。

姐姐不知道，丁桂清连娘家妈也没告诉。

但要说一个亲戚没去也不符合实际。毛卉新上中学的时候一直住在二叔家，结婚那天就是从二叔家走的，这事儿瞒不住，她二叔、二婶一定得去了。

几年之后，毛丰美的二女儿毛建新又到了结婚的年龄。

一天，丁桂清问丈夫："大姑娘出门（结婚）咱没办，二姑娘出门还不办吗？"

"不办。"毛丰美回答得斩钉截铁，随后又用缓和的口气对妻子说："咱村刚刚制定的《村规民约》，那是我建议搞的，是经过村民代表大会通过的。那上面写得明明白白，不能大操大办，当干部的要带头。"

"那别人家有事儿咱赶不赶（礼）啦？"

"赶，该赶还要赶，只要是《村规民约》里允许的。"

丁桂清心里想，这些年来，人情往来，只出不进，搭进去多少钱哪！可又一想，丈夫说得也有道理，谁叫咱是村干部的家属呢！

在二女儿毛建新的婚期临近时，毛丰美把二女儿和在机关工作的女婿叫到一旁，语重心长地说："你们大姐出嫁都没办酒席、不收礼金，有你姐的样子照着，你们结婚也不要操办酒席收礼金。毛家这个规矩不能破，也不许破。只有这样，村里的《村规民约》才能起到作用，你爸要求别人才硬气。"

1997年5月14日，是二女儿结婚的日子，毛丰美和妻子收拾得利利整整地离开家门，有人问他们干什么去，他们回答说是进城走亲戚。

就这样，毛丰美的二女儿出嫁，毛家也没办。那天，只去了几个至近亲属。

2002年，又到了老三毛正新谈婚论嫁时，村里的不少人就提前议论开了："毛书记的大女儿出嫁没办，二女儿出嫁也没办，唯一的儿子结婚难道还不办吗？"可毛丰美就是不这样想。他向亲属、乡亲们提出儿子结婚不操办、不收礼金。他商量着对儿子说："正新，你是大学毕业生，又是在凤城市国土资源局干过几年的人，虽然爸在你顺风顺水的时候拽你回到村上任职有点儿委屈你。你现在是大梨树村的干部，理应比一般人觉悟高些。爸的秉性你也知道，这次你结婚，要和你大姐、二姐一样，简简单单，给外人做个样子，好不好？"

正新一点儿没打奔儿，说："爸，我听你的。"

不过，毛丰美停了一下又说："不招待女方家的亲属，也说不过去，多少也放几桌，但咱这边的亲属尽量少一些，你的同学、朋友就不要通知了，以后再表示。不管怎样，礼金绝不能收。"

毛正新点了点头，同意了。这是毛正新党性强的一种表现，也是他多年来在这个家庭耳濡目染的结果。

毛丰美的亲家姓王，儿媳妇喜欢婚纱，亲家也渴望女儿能有一场盛大的婚庆典礼。毛丰美理解年轻人的想法，思虑再三，他亲自登门对亲家说："老王，结婚是一天的事儿，过日子是一辈子的事儿。结婚后，我儿子就是你儿子，还在乎这一天的热闹吗？"

毛丰美的亲家也是个通情达理的人，见毛丰美这样说，就同意了。

2002年4月28日，是毛正新结婚的正日子。毛丰美在城边通往边门的路旁的一个饭店摆了十桌酒席，招待女方的娘家客人。没有执宾，没有红地毯，没有彩虹门，一个管辖四千多口人的村子的一把手、一个蜚声省内外的全国人大代表，就这样为儿子简单办了一场婚礼。

婚后，毛正新就和爱人高高兴兴地去南方旅游度蜜月。

毛丰美是一个有大美境界的人。在大梨树村民眼中，他是一位好书记；在全国人民心中，他是一个优秀的人大代表。但对家人来说，他却称不上是一个顾家的丈夫和父亲；在父母和兄弟姐妹之间，他也算不上一个符合传统标准的孝子贤孙。

在大梨树村，有个叫车世利的人。

车世利在大北监狱服刑改造的时候，曾经和毛丰美有过交集。

毛丰美听说车世利在服刑期间有自杀的想法，特意找被服刑人员亲切称为冷妈妈的丹东市元宝区珍珠街道办事处燕窝居委会党支部书记冷淑梅去帮教车世利。

1998年3月的一天，毛丰美在北京出席完第九届全国人大一次会议后，毛丰美和冷淑梅专程到大北监狱去看望丹东地区的服刑人员。车世利作为服刑人员的代表，第一次和毛丰美面对面地坐到了一起。

临走时，毛丰美从上衣兜里掏出了四百元钱交给车世利，让他自己买点儿吃的。又鼓励他好好改造，争取早日出狱，重新做人。

毛丰美离开后，车世利激动的心情好几天也平息不下来。本来，车世利入狱后，觉得自己名声完了，这辈子已经没了希望，他曾经想过要绝食自杀，后来虽然在监狱管教干部的帮助下，打消了这个念头，但仍然是万念俱灰。他万万没有想到的是，全国人大代表，又是本村党委书记的毛丰美，竟然能到大北监狱来看他这个犯了罪的人，这是多大的鼓励呀！同一监室的狱友们用羡慕的眼光看着他。毛丰美描绘的大梨树村今天的一幅幅美景，在他的眼前闪动着。毛丰美临走时跟他说的话，在他的耳边回响着："小车，你这么年轻，只要走正道，以后的日子准能好起来。你放心，我和村里绝对不会不管你！"

于是，车世利心里有了亮光，重新看到了希望。他在改造中多次立功，最终减刑四年，提前出狱，在大年三十前夕回到了他在监狱里日思夜想的大梨树村。

出狱后的第二天，车世利便迫不及待地踏进了村委会的大楼，找毛丰美给自己安排工作，也是借机看看毛丰美说话到底是真算数，还是忽悠自己。

车世利原本没有抱太大的希望，他以为毛丰美顶多敷衍一下自己，能给自己随便找份工作就不错了。村上的好人毛丰美都不一定能照顾得过来，何况自己是个犯过罪的人呢？他刚说明来意，毛丰美便立即抓起了电话，给他联系工作。

放下电话后,毛丰美笑着对一脸紧张的车世利说,工作妥了,上村上的电熔镁厂上班,一年工资一万多块钱。车世利惊呆了,啊,一年能挣一万多块钱!这可是他连想都没敢想的数字呀。车世利结结巴巴地对毛丰美说:"毛书记,我什么都不会,你让我去当领导哇!"

这句话把毛丰美给逗乐了:"你小子想哪里去了!不是让你去当领导,是去流大汗挣钱。能不能干?"车世利赶忙说:"毛书记,你放心,我能干,绝对能干。"说完往外走,走到办公室门口了,忽然想起了什么,又回过头来,表态般地说:"毛书记,你真办事儿啊!以后你说的话,我全听了!"

春节期间,大梨树村的干部们来看车世利,看他已经三十六岁了,还是光棍一人,都帮着给他介绍对象。也许是天作之合,还真谈成了一个,姑娘名叫李杰,身材修长,长得也挺好看。李杰很有主见,她对车世利说:"现在的一万块钱已经不是十年前的一万块钱了,要结婚带盖房子这点儿钱是不够用的,上电熔镁厂去干还不如干烧烤。"车世利有些犹豫,说:"上电熔镁厂是毛书记给我找的活,我要是不去了,这不是卷毛书记的面子吗?"李杰说:"没事儿,毛书记才没把他的面子看得那么重呢!只要咱们干好了,毛书记保管比什么都高兴。"车世利又有些发愁地说："可我也没干过烧烤，什么也不会呀。"李杰早已经胸有成竹了，她拉着车世利到站前的小胡同里，看人家的烧烤摊都是怎么干的，一连偷学了好几天的艺。

回来后，车世利领着李杰又去找毛丰美，吞吞吐吐地说了自己想干烧烤的事。毛丰美听了，非常赞同，说："行啊，小车，干烧烤肯定挣钱。我这个人经常出去开会，哪里都去，我看人家那风景区里都有干烧烤的，挺招人，吃的人还挺多的。你要真把烧烤干起来的话，咱们这旅游区里也多了一个特色，游客肯定欢迎。"

毛丰美亲自帮车世利在青年点饭店的对面支起了烧烤摊。为了支持车世利创业，又把干一个夏天应当上交给村里的三百元管理费给免了。

车世利的烧烤摊开业了，第一天干下来，就挣了五百多块钱。车世利激动得半宿没睡着觉，他在算账：一天挣五百多，这一个月三十天得挣多少，半年六个月又得挣多少，这不发了吗？第二天，车世利便上村部去把三百元管理费交了，当天又收入了八百多块钱。

车世利非常善于动脑，人又勤快，他不光烤肉，还开发出了烤白菜等各种烤品,买卖越做越红火。烧烤摊后来发展成了烧烤店,车世利当上了老板。

2005年6月3日,是阴历的四月二十七,也是传统的凤凰山庙会期间。这天,景区里的游客数量猛增,车世利的烧烤店里更是忙得不可开交。干到凌晨三点的时候,店里备的货卖光了,车世利正准备打烊。就在这时,烧烤店门口停下了一辆轿车和一辆非常气派的本田1800巡洋舰摩托车,从车上下来了六个二十六七岁、流里流气的小伙子,进店坐下后,口气很冲地喊:"老板赶紧上烤串!"

车世利到旁边的烧烤店借货,急忙回到店里给他们烤。几个人吃饱喝足,服务员拿账单过去结账,告诉他们说一共一百八十三块钱。为首的小伙子接过账单,连看都没看,把账单往地上一摔:"回去重算!"

车世利一听,知道来者不善,他不动声色,示意服务员重算一遍,结果还是一百八十三块钱。

小伙子接过账单,还是那句话:"我叫你回去重算!"车世利强压火气,开口了:"朋友,你们要是没带钱的话,说一声,我可以招待。要是带钱了的话,这钱你们得给,我挣的是血汗钱,也不容易。再说了,吃饭给钱,这是天经地义的事。"

车世利话音刚落，几个小伙子站起身来，不由分说便把桌子给掀了，盘、碗、酒杯等稀里哗啦掉落了一地。还有人跑出去拿砖头把轿车的反光镜给砸了，反咬一口，大喊车世利他们砸车了，要车世利赔钱。闹腾了一大气后，几个小伙子连摩托车都没要，跳上轿车逃之夭夭了。

车世利非常伤心，自己本本分分地做点儿买卖，养家糊口，竟还让人把店给砸了。这要是搁在十年前的话，凭着他的驴脾气，早就动手了，就是他们六个人一齐上，都不够他划拉的。可他不能动手，要是再把人打出个好歹，犯事进去的话，可就对不起毛书记对他的期望了。

车世利本来不想惊动毛书记，可是丁桂清早晨散步的时候听说了这件事，马上回去告诉了毛丰美。毛丰美一听，这还了得，还有没有王法了！在毛丰美的关注下，派出所很快就抓住了那几个闹事的小伙子，将为首的张某拘留了一个月，并让他包赔给车世利一千八百元钱。

有人善意地提醒车世利说："那帮人都是不好惹的，你把他们给弄进去了，等他们出来了，还有你的好吗？"

车世利憨憨地笑着说："不怕，有毛书记'保驾护航'，我们村的人再不会受人欺了！"

为了报答毛丰美这几年来对自己的帮助，这天，车世利趁毛丰美每天早晨五点多钟起来沿街察看村情时，特意早早在店门口等着，说上几句话后，看看四下无人，像做贼似的红着脸拿出准备好的一沓子钱往毛丰美手里塞。没想到，毛丰美不但没收，还把车世利给训了一通。毛丰美最后告诉车世利说："小车，你脚踏实地好好干，带着更多的村民一起致富，就是对我最大的回报！"

最让车世利感动的是，他被评为村里的致富能手后，毛丰美还高兴地请他到党员大会上介绍致富经验。车世利心有疑虑，问毛丰美："毛书记，你知道，我这人有过前科，上台讲话人家不笑话我吗？"

毛丰美满怀感情鼓励他说："小车，有什么可自卑的？咱们村里现在就需要像你这样实干的人！从今往后，你就挺胸抬头做人，只要好好干，保准不比谁矮三分！"这一番话，一下子打消了车世利的所有疑虑。

俗话说，浪子回头金不换。打那以后，车世利不光想自己的小生意，也开始像毛丰美书记一样留心村里的事儿，为村里提了多条合理化建议。他发现村里有两个小青年经常在自己的店里闲晃，和当年游手好闲的自己差不多，就耐心做他俩的工作，说服了一个孩子参军入伍，又教会另一个孩子烧烤技术，帮他开起了烧烤店。

2004年毛丰美在大梨树村部拓荒牛雕像前留影

车世利用自己的实际行动，有力地回击了当初一些人对他的无端猜测、怀疑和不信任。

在车世利的内心深处，始终埋藏着一个不为人知的秘密，如若没有毛丰美书记和村干部们对他及时、周到的种种关怀和帮助，车世利也许还会走入歧途，再次走上犯罪的道路。

毛丰美用真情感化了车世利的心，让他浪子回头，成为村子里的致富能手。

言者,毛丰美
履职尽责,不辱使命

老百姓是他心中永远的牵挂。
我是农民代表,我要为农民说话。

"关键时刻,敢于亮剑。"人代会上的毛丰美,就是这样的一个人。为了农民问题,敢于直接提出意见,敢于表达自己的看法,这是其他人大代表印象中的毛丰美。

赞成162票;反对0票;弃权1票。

通过!

2005年12月29日下午,第十届全国人大常委会第十九次会议经表决决定,第一届全国人大常委会第九十六次会议于1958年6月3日通过的《农业税条例》自2006年1月1日起废止。

这意味着九亿中国农民将依法彻底告别延续二千六百年的皇粮国税——农业税。

在这个影响中国农村改革历史的重大决定背后,有一位来自小山村的普通人大代表整整呼吁了八年,这个人就是毛丰美。

中国农业赋税制度起源于夏商周的贡赋制。《孟子·滕文公》载:"夏后氏五十而贡,殷人七十而助,周人百亩而彻,其实皆什一也。""贡、助、彻"其实就是农业税。农业税始终是和国家土地制度紧密联系在一起的。我国古代曾进行过多次农业税的制度改革。1949年中华人民共和国成立后,也未停止征收农业税。中国为传统的农业国,农业税收一直是国家统治的基础,国库收入主要来自农业税收。从现代意义来看,农业税一直被农民称为"皇粮国税",尽管农民负担问题一直困扰中国,但农民一直认为纳税是一种义务,对农业税没有任何对抗心理。毛丰美当上全国人大代表后,开始思考农业税的有关问题。

成为全国人大代表的毛丰美,把关注的目光放在了全国农民身上,这是一种胸怀。

曾经有一位领导在人大座谈时问毛丰美:"你提的建议是你们村里的事儿吗?"毛丰美说:"不是。"领导接着问:"是你们县里的事儿?"毛丰美说:"不是,我的建议是全国农民的事儿。"领导赞许地点点头说,"好,你这个农民代表很称职。"

八届人代会之后,毛丰美一边忙村里的工作,一边准备人大议案。

一次，毛丰美和一位来访的村干部闲聊，那位村干部说，现在农村家里生活条件一般的，一年有几个坎儿。毛丰美一听，感到非常纳闷儿，自己在农村生活了大半辈子，怎么没有想到坎儿的问题。他急忙问："几个坎儿？你说说。"

那位村干部说："从春天开始，第一个坎儿是种地，种子化肥是一笔钱；第二个坎儿是孩子上学；第三个坎儿是农业税；第四个坎儿是过年，谁家过年不吃顿饺子？所以，农业银行和农村信用社有两个信贷高峰，一是春天种地，一个是冬天过年。"

大梨树村经过近二十年的发展，已经成了比较富裕的村，贫困人口极少。外村干部说的情况，毛丰美大部分知道，但是毛丰美没想到农业税成了农民的负担。

毛丰美带着疑问开始调研，不久他就摸清了一些基本情况。以凤城为例，农业税很多年没有太大变化，但是在各个村又有所不同。有的村，以人口计税，每口人十元至三十元，以五口人计，每个农户每年大约需要五十元至一百五十元；有的村，以地亩算，每亩地十元至三十元，地多的农户有二十多亩地，每年农业税一项需要六百多元。同时，还有很多搭车收费，村里的一些其他费用，一起打进了农业税，比如村提留、乡统筹等等。这样一个大滚包，都压在了农民身上。而当时，普通机关工作人员的工资才五百元左右。单农业税一项，就顶上一个机关工作人员一个月的工资。

这一调查结果，让毛丰美震惊了。

1998年第九届人大一次会议，毛丰美正式拿着取消农业税的建议上会。

这一提议，在全国的政治舞台上，无异于一枚炸弹。农业税收了几千年，你说取消就取消啦？土地是国家的，农民种地凭什么不交钱？再说了，农业税对于产粮区、对于工业欠发达地区，是财政的主要收入，取消了农业税，国家财政和地方财政收入大幅缩水，对基层政权建设会产生什么样的后果？对全国会有什么样的影响？

毛丰美没有动摇。

有反对的，也有支持的。毛丰美提出取消农业税的建议经媒体曝光后，有很多农业专家主动联系毛丰美，为他提供了大量的农业税的利弊分析。

有个专家特意给毛丰美打电话，介绍了全世界范围内的农业发展。在发达国家，农民种地不仅不收钱，国家还有补贴，所以农民种地很有积极性，也确保了粮食生产。从全世界看，没有几个国家收农业税。但是任何一项改革都需要时间，需要对问题再认识。

有的村民关切地问："毛书记，你提出取消农业税，不会给你惹什么麻烦吧？"毛丰美笑了："没事儿，国家发展这么好，农业税才几个钱？以前咱们国家困难，农业税是大收入，现在国家这么富有，党和国家这么重视三农问题，早晚要解决。实现现代化，不只是城市现代化，农村现代化是大事儿。对于一个比较富裕的国家，农业税是小钱，对于农民来说，就是大钱。"

毛丰美又很认真地问："取消农业税，你高不高兴？"

村民笑了："那敢情好，关键能实现吗？"

毛丰美坚定地说："能，只要你高兴，只要农民高兴，农民欢迎，党和政府就一定会解决。"

虽然取消农业税未能形成议案，但毛丰美既没灰心，更没放弃。

毛丰美说，国家总讲减负，可是全国平均每人两亩地，毛收入八百块钱，城里的征税点是每月八百块钱，一年是九千六百块。农村每年才收入八百块呀，差了十几倍。这对经济实力处于弱势地位的八亿农民来说，是有失公平的。毛丰美很慎重，不仅了解身边的情况，还亲自到产粮大省吉林和黑龙江去了解。毛丰美想，其他地方也许会有什么优惠政策，经过调查，其结果是一样的。

国家税务总局法规处的领导认为，农业税有两方面问题。一是加入世界贸易组织后，国外竞争对国内农产品市场压力明显加大。中国农业本来就是弱势产业，农业税则进一步提高了农产品的生产成本，使中国农产品在国际市场上的价格竞争力大打折扣。二是城乡收入差距加大，农村税负高于城市。城乡收入差距不断加大也是减免农业税的重要原因。怎么样提高农民收入？基于此，一方面要创造条件让他们增收，另一方面就要给他们减负，而农业税是农民负担中最大的一块。从另一个角度看，农民的税负远高于城市居民。同样作为纳税人，城市居民缴个人所得税时，先要把起征点以下的收入扣除，而农民缴农业税却从没有起征点。如果征农业税也像征个税那样扣除，至少有九成以上农民达不到纳税人水平，应该不缴税或者少缴税。

毛丰美于是把议案带到了九届二次会议上，此后的几年里，他每年都会向全国人大提交相关建议，向主要负责部门反映情况。他连续写了五年取消农业税的议案。

2005年12月29日，宣布从2006年起，全国取消农业税。

2007年1月，辽宁省人大常委会组织人大代表视察，毛丰美随团来到铁岭市昌图县条子河流域调研。时值严冬，本来应该在数九寒天封冻的河面，居然因为严重污染冻不上冰，黑黄色的河水冒着蒸气，刺鼻辣眼的怪味随风扑来。毛丰美在来之前已经有了心理准备，他知道有河流污染了，今天是要去调研水污染问题。他也想过当地水资源可能没有家乡丰富，但没有想到污染会这样严重。毛丰美是土生土长的东北人，在他的印象里这片土地本应"细雨鱼儿出，微风燕子斜"，家乡的井水清甜甘洌，捧起来可以直接喝。大梨树的河是他童年记忆里的一抹凉意，夏天从河里出来皮肤都是滑滑的，神清气爽；下河摸鱼也是最常做的童年游戏，赶上旺季的时候棒打狍子瓢舀鱼似乎一点儿都不夸张。而眼前的景象让他惊呆了。

条子河流经平安堡乡十里村，十里村村民尹淑霞在自家院里对毛丰美说："这水腥，本地的牲口喝这水，外地来的牲口都不喝，闻闻味儿就走了。"说到这儿，尹淑霞笑了笑。毛丰美问尹淑霞咋能笑得出来，尹淑霞说："外地牲口比这里的人娇情啊，不笑咋整？"听到这话，毛丰美的心里很不是滋味，又指着尹淑霞家里的三口大缸，不解地问这是做什么用的。原来不仅河里的水腥臭发黄，地下水也被污染了，这三口大缸是用于沉淀、过滤井水的。可是这井里打上来的水，经过三次过滤后仍呈白色，漂浮着杂质。毛丰美又进了一户人家，刚进大门，一位老汉对毛丰美说："听说你们来看条子河，这个事儿你们要是能帮我们解决了，我给你们下跪，一辈子感谢你们。"

据老汉介绍，就算是用处理过的水，煮出的大米都是红色的，泡出的茶水是黑色的，这样的水，沿河十八个乡九万多村民已经喝了十年了。部分村庄村民最高寿命才六十五岁，多年来小青年想参军，没有一个体检合格的，本地的小伙娶媳妇儿都困难，外地来的小姑娘，一进屋看看缸里的水，皱皱眉摇摇头，对象就黄了，村里家庭条件好一点儿的都搬走了。

条子河流经吉林、辽宁两省，上游吉林省四平市大量化工厂排入污水，却因为跨省的缘故迟迟无法协调治理。毛丰美对乡亲们说："我一定把这个问题反映到全国人代会上，不然我就不称职。"临走前，他要来两个矿泉水瓶子，分别装上腥臭发黄的河水和过滤三次后仍呈现白色的井水。

后来，毛丰美带着这两瓶污水来到了北京，来到了2007年第十届全国人大五次会议的会场。

在会场，毛丰美说："总理的政府工作报告大篇幅地提到环境保护,可见中央是多么重视环保工作。可为什么条子河流域的污染问题经多部门长期协调,至今得不到治理?"讲着讲着,他按捺不住心中的郁闷,终于爆发出来:"今天我带来两瓶水,一瓶是河里的,一瓶是过滤好几次的井水。这种连牲畜都不喝的水,来开会的所有代表和领导,你们谁敢喝一口?这水老百姓已经喝了十年了!"

开完会,又有人提醒毛丰美,说你这么大嗓门,不怕刺激人吗?毛丰美笑着说:"刺激什么,老百姓身体都喝成啥样啦?我说这点儿算什么!不过说实在的,多少有点儿后悔,倒不是因为别的事,大嗓门是改不了了,不拍桌子就好了,毕竟还有摄像机在录呢,而且事情没办好也不是在座的代表和领导的责任。唉,可是我吧,一想起条子河那水就忍不住。我这驴脾气怕改不了了。"

2007年"两会"结束后,当地政府安排资金在污染区域打了五十多口深井,群众的饮水问题全部得到解决,条子河综合治理工程也在进行当中。

2012年12月4日,毛丰美当选年度法治人物,主持人问他有没有想过能成为年度法治人物,他说那我可没想到,我没寻思整这么大,真没想过。

在颁奖典礼上,中央电视台栏目组有意安排一位农民给毛丰美颁奖，最终选定让尹淑霞为毛丰美颁奖。在颁奖之前尹淑霞也带来了一瓶水，这瓶水是她们家现在喝的。毛丰美接过尹淑霞递来的水，冲着舞台的灯光照了照，说："你这水透亮，赶上卖的矿泉水了。"接着毛丰美喝了一大口，连声说甜，真甜。

2012年，对于毛丰美有着不同寻常的意义。

这一年，是毛丰美检查出癌症的第四个年头，疾病折磨得他又黑又瘦，但是这样一个不服输的老人，在病床上是病人，在村里就是一个干活不要命的村干部；同年，毛丰美连续当选全国人大代表二十个年头，对于他个人而言，是一个里程碑。这一年，毛丰美依旧是全国"两会"上的明星代表，有影响力的农民代表，辽宁广播电视台"两会"连线大梨树村，3月18日中央电视台《看见》栏目主持人专访老书记毛丰美，题目为"言者：老毛"；这一年，11月3日，中央电视台"今日说法"栏目组两位记者来到大梨树村，为《法治的力量》主题颁奖晚会拍摄专题片，因为毛丰美当选了中国法治人物。

每年年尾、岁初，中央电视台有几个在全国有影响力的评选颁奖，包括感动中国十大人物颁奖，最美警察颁奖，最

2008年毛丰美参加第十一届全国人民代表大会第一次会议

美乡村教师颁奖，还有一个，就是中国法治人物评选颁奖。

2001年，经党中央、国务院批准，将我国现行宪法实施日，即12月4日，作为每年一次的全国法制宣传日。从此"12·4"被赋予法律的含义。每年的这一天，全国普法办、司法部、中央电视台都会联合推出大型主题晚会《法治的力量》，并在综合频道黄金时段播出。晚会透过推选年度法治人物这一视角，反映中国法治建设的年度成就，截至2011年已经成功举办十一届。

每一年评选，都会推选出十位年度法治人物，这些人物既有个人，也有集体，来自于社会的各个层面，具有不同的职业背景、年龄层次、教育程度。他们的故事也呈现出丰富的内容与形态，他们的共性就是用实际行动推动着中国的法治进程，彰显法治的力量。

代表着中国法治进程的最高荣誉颁给了毛丰美。让我们简单梳理一下毛丰美的重要建议和议案：

第八届全国人大一次会议，毛丰美提出降低农村电价的建议；

第九届全国人大一次会议，毛丰美提出取消农业特产税的建议；

第九届全国人大二次会议，毛丰美提出取消农业税的建议；

第十届全国人大四次会议，毛丰美提出调整贷款政策，解决农民贷款利息高于城镇问题的建议；

第十届全国人大五次会议，毛丰美提出修改《农村土地承包法》，解决民生问题，维护社会稳定的建议；

…………

毛丰美当全国人大代表二十年，所提的二百多件建议和议案，件件涉农，受到了党中央、全国人大、国务院和有关部门高度重视，部分建议和议案被采纳上升到国家法律法规层面。近年来我国出台的一些涉及三农方面的政策、法规很多都和他有关。熟悉毛丰美的人说，别看老毛在会上那么冒失，形成建议时却是各方征求意见，力争拿出两全其美的方案。

毛丰美对近年来农村法治进程产生了重要影响。

全国人大常委会办公厅六次特邀毛丰美在第十届、第十一届全国人大新代表培训班上介绍履职经验。2007年3月11日，毛丰美和其他七位代表参加由第十届人大五次会议新闻中心在人民大会堂台湾厅举办的记者采访会，接受新华社、《人民日报》、中央电视台、人民网等四十多家新闻媒体集体采访。第十一届人大三次、四次、五次会议期间，毛丰美三次应邀走进中央电视台新闻频道《聚焦两会·见证履职》栏目，围绕改进农村金融服务、提高粮食收购价格和扶持乡村企业发展、促进农村劳动力向非农产业转移的建议内容，与在大梨树的央视卫星直播车连线访谈，受到媒体广泛关注，引发社会强烈共鸣。

2012年12月4日，由全国人大、中央政法委、最高人民法院、最高人民检察院、公安部大力协助，全国普法办、司法部、中央电视台联合举办的《法治的力量》2012年度

2008年毛丰美在第十一届全国人民代表大会第一次会议上投票

法治人物颁奖盛典，在中央电视台一套节目黄金时段播出。

得到消息后，大梨树的乡亲们像过了节似的，奔走相告，晚上八点未到，就早早地坐在了电视机前。毛丰美的家里更是挤满了乡亲们。

当看到毛丰美走上领奖台，当看到辽宁省昌图县条子河流域的乡亲代表为毛丰美颁奖，当看到大家日夜想念的老书记精神矍铄地发表获奖感言时，大家都目不转睛地看着，为有这样的老书记感到骄傲，为大梨树村骄傲，同时，也默默为身患重病的老书记祈祷。

让我们重温一下中央电视台为毛丰美同志撰写的颁奖辞吧：

> 他来自田野，
> 在全国人大会议上，言必三农。
> 他情系乡亲，
> 在涉农政策立法中，据理力争。
> 村官毛丰美，
> 履职尽责，不辱使命，
> 他是最仗义执言，永远为农民说话的人大代表。

此刻正值2015年冬夜，窗外纷纷扬扬的雪整整下了一天。连日来，我在雪花飘飞的大梨树村奔走，追寻着毛丰美的足迹。他当人大代表直至到生命最后一刻还在为民奔走呼号的事迹一直在神州大地传颂，他的一件件为民请命的壮举也连同他带领大梨树人建设社会主义新农村的宏伟业绩家喻户晓。媒体上这样描述：连续五届当选全国人大代表的辽宁省凤城市大梨树村原党委书记毛丰美，二十年来忠诚履职，直到生命最后时刻。所提二百多件建议和议案，件件涉农，部分建议和议案被采纳上升到国家法律法规层面。农民称他为敢为农民说话的人；人大代表评价他体现了一个人大代表的良心和责任；媒体将他评选为中国法治人物；法律界人士称他为推动中国农村法制进程做出了重要贡献。

2014年9月26日，六十五岁的毛丰美因患肝癌在家乡大梨树去世。就在半年前的第十二届全国人大二次会议上，他还手持五条涉农建议在人民大会堂发言。患癌五年来，他没有缺席一次人代会。他说："来自农村基层的代表本来就少，我要珍惜替农民说话的机会。"

农村养老一直是毛丰美持续关注的问题。第十届全国人大四次会议上，毛丰美建议通过财政转移支付的方法，

大梨树梨花园

为村里老干部发生活补助费；第十一届全国人大二次会议上，他提出国家应尽快解决农民养老保险；第十二届全国人大一次会议上，他提出要提高农村养老金定额标准。毛丰美关于农村养老服务的建议得到了全国人大和国务院相关部门的重视，民政部邀请代表联合调研，共同解决问题。2013年，国务院出台了关于加快发展养老服务业的若干意见。

2014年3月，十二届全国人民代表大会第一次会议召开，这也是毛丰美带病参加的最后一次全国人代会。这次会议上，他提出了提高农村养老定额标准、实现阶梯式补助养老等八条建议。

这就是毛丰美，他拖着患癌症的身子，在国家的政治舞台上再次为农民、农村、农业做了呼吁。这一次人代会，毛丰美第一次因为身体实在坚持不下去，在听完政府工作报告后带着遗憾请假回到了家里。

毛丰美回家了。2014年8月，在外地治疗的毛丰美在家人、在大梨树人的期盼中回家了，这个牵动着无数人心的老人，回到了凤城，回到了大梨树。大家心里都清楚，毛丰美的日子不多了。亲属、朋友、领导都纷纷前来看望他。因为身体原因，探望的人大多没有看到毛丰美本人。毛丰美因为病重，已经下不了床了。为了防止病毒感染，大夫不让见太多的人。但是大家还是来了，到毛丰美家门前站站，到毛丰美家院子里站站，哪怕远远地看着这个老人，大家就知足了。

毛丰美的老朋友、全国人大代表、辽宁省兴城市四家村党委书记张文成来了。毛丰美看到张文成，立刻有了精神，他紧紧握住张文成的手说："我最盼望的人来了，我高兴啊……"

这是生命的最后时刻，一个共产党员、一个同志的重托与愿望。张文成了解毛丰美，更了解这短短几句话背负的重重担当。

张文成紧紧握住毛丰美的手，握着那双瘦得皮包骨的手，一个劲儿地说："你放心，你放心。"

善者，毛丰美
爱民至深，为民至诚

我是党员，即然党和群众都相信了我，
让我干，我就得好好干。

作为人大代表,他忠诚履职,为推动农村法治进程做出了重要的贡献,是人大代表的榜样;作为村书记,他开拓进取敢于担当,将一个穷山村发展成富裕文明的新农村,是新时期农村基层党员干部的典范。

毛丰美经常挂在嘴边的一句话是:"我是个党员,既然党和群众都相信了我,让我干,我就得好好干。"

毛丰美不仅严格要求自己忠实践行党的全心全意为人民服务的根本宗旨,爱民至深、为民至诚,用心用情用力为群众办实事、解难题,还发动村里的党员干部共同行动起来,带领全村群众创业、致富。他召开全村党员大会,请来致富能手介绍致富经验。毛丰美语重心长地对台下的党员们说:"你们既然入了党,当上了共产党员,你们就得对得起共产党员这个称号,绝不能把自己等同于一般老百姓,老百姓堆里你得冲在前面哪！你们看看车世利，他虽然不是党员，干烧烤一个夏天能收入五六万元，带动了一片人向他学习。如果你们一年连两万来块钱都收入不上，就拖了全村人致富的后腿。你还怎么当这个共产党员？我看你这个共产党员就是给你自己当的！"

在大梨树村，毛丰美的热心肠是出了名的。用他爱人丁桂清的话说："俺们家老毛哇，光顾着忙乎村上的事了。别人家的事再小也是大事，自己家的事再大也是小事。俺们这个家呀，就是他的旅馆、饭店，他回来就是吃饭、睡觉，家里什么事也不管，油瓶子倒地上了都不伸手扶一下。"

二十多年前，村民车选明的媳妇侯淑梅患病，急需手术。可当时他家正盖新房，东挪西借来的钱全都用在了盖房子上，身无分文。就在车选明两口子一筹莫展的时候，毛丰美闻讯赶来了，他一看侯淑梅病得躺在炕上下不了地，责怪说："选明，你说你媳妇都病成这个样子了，还不赶紧送医院治去，再等还不把人都给等没了吗？"

车选明愁眉苦脸地说："毛书记，不是我不想给治，实在是我这兜里比脸干净，一个钢镚儿没有，你让我怎么办？"

毛丰美板着脸说："你个大老爷们儿说这话不嫌乎砢

碴？人家父母把一个活蹦乱跳的大姑娘交给你了，跟你过了这么多年，结果有病了连病都治不起，这万一要有个三长两短的话，你怎么向人家父母交代？有钱没钱都得治病，赶紧先把人送医院去，别耽搁了，钱我来想办法。"

毛丰美先打电话找来辆车，把车选明两口子送医院去，自己则留下来东拼西凑地筹集到了一笔钱，去医院交给车选明为侯淑梅治病。

侯淑梅病好出院后，毛丰美又让人把车选明招进了村办企业，帮助他家渡过了难关。快过年时，车选明带着礼物来答谢毛书记。毛丰美急眼了："谁让你拿东西来看我的?!"

车选明笨嘴拙舌地说："毛书记，你对我家的帮助这么大，我真不知该怎么感谢你……"

毛丰美截住他的话说："我帮助你是我这个村书记应该做的，根本不是想图你点儿什么东西。你家里现在这么困难，我要是还刮扯你这点儿东西的话，我别说是共产党员了，就连做人都不够格了。赶紧把东西拿回去，要再这样，以后我就不见你了！"

毛丰美一边说，一边又从兜里掏出一百元钱，硬塞给了车选明："要过年了，拿去买点儿年货，领老婆和孩子好好过个年。"推搡中，车选明实在拗不过毛丰美，硬是憋出了一句外人难以理解的话："毛书记，以后俺不来看你了。年三十儿，俺两口子一定冲着你家的方向，给你磕头！"

从1980年当村干部以来，毛丰美没有吃过一户群众家的猪肉，甚至连一顿饭也没吃过。他给自己立下了规矩，手别长，嘴别馋，身别懒，千万别占老百姓的便宜。当干部就要像小葱拌豆腐那样，清是清来白是白，干干净净做人，老老实实为老百姓做事。

毛丰美的妻子丁桂清说起他俩的爱情往事总是合不拢嘴："丰美年轻时身体单薄，铲地时常常跟不上趟儿。我呢，身体好，很心疼他，常常在铲地时为他接垄，帮他一把。一来二去的整出了感情，打心眼里稀罕上他。男大当婚，女大当嫁，到了谈婚论嫁的时候，就铁了心非他不嫁。丰美重情重义，心里有我，我俩谁也离不开谁，丰美说什么也要娶我，于是我什么条件也不谈，就嫁到了毛家。这些年来，为了他，我在家操持家务，照顾孩子，里里外外的活儿基本都是我一个人扛着。虽然有苦有累，有时候还要担惊受怕，但是我无怨无悔。"

可以说，毛丰美的军功章也有丁桂清的一半。

丁桂清坦诚地说："丰美一天到晚满脑子都是村里的事，这个家就是他的旅店饭店，什么事他也不管。自己家的园田地种的啥,他不清楚;家里没米没面了,他不知道;孩子的工作、学习怎样,他不过问。"

有一件事在丁桂清脑海中记忆犹新。1984年夏天,正赶上连雨天,村沥青厂的原料一时供应不上,影响了生产。毛丰美顾不上家里的土豆正是收获的时候,急忙奔向抚顺去联系沥青的原料。那几天孩子又得了急病,丁桂清只能先救孩子,抽不出身来收土豆。等毛丰美从抚顺赶回来时,一千五百公斤土豆烂在了地里。建龙凤宾馆时,毛丰美整整在工地上待了十个月,苦熬了二百多个日日夜夜,既要负责建楼指挥,又要考虑全村工作,自己累得都脱了相,病倒了也不回家。其间,丁桂清患病四次,每次托人捎信他都没回去。

有一年,丁桂清突然肚子疼得厉害,浑身冒汗,邻居闻讯赶过来一看,这回病得可不轻,连忙找人通知了毛丰美。毛丰美回来了,急忙找车把她送到了县医院。经过大夫的诊断她得的是急性阑尾炎,需要住院。毛丰美把妻子安顿下来,就急匆匆地离开了医院,为村里的企业跑项目去了。在医院的几天里,完全由毛丰美的弟媳照顾。出院在家养病时,毛丰美依旧不着家,丁桂清由娘家妈照看。自从当了村干部以后,家里的活根本指不上他。孩子上学骑车腿摔折了，他问了一下，就没影了。他对自己要求太严了，人家盖房子上梁都庆贺一番，邻里亲戚也表示一下。可自家盖房子时，他不声不响地上了梁，连亲属、邻居都不知道。

新房盖好后，恰逢村里从外地聘请一名技术顾问，帮助村办企业技术攻关。为了让这位技术员安心工作，村里把他一家人都接到了大梨树。没有地方住，毛丰美主动将新房腾出一间半，给这家四口住了七个月，没向村里要一分钱报酬。

村里的老百姓看在眼里，记在心上。常说，受累的是毛书记，得实惠的是全村老百姓。

毛丰美曾包扶一个叫何贵胜的困难户，他就像对待自己的亲哥一样，把自己家新做的被褥给送去了，把自己还没上过身的新衣服送给他穿了，从自己的腰包里掏钱给他买药治病，给他送去米、面、油等必备的生活用品。逢年过节，毛丰美哪怕再忙，也要抽时间去嘘个寒、问个暖。毛丰美一直坚持包扶了十年，直到何贵胜去世为止。

在大梨树村，毛丰美关心群众的事，数不胜数。和他一起共事的村干部史淑云得病，他想方设法帮助凑足了手术费，及时从死神的手里抢救回了史淑云的生命。村民黄殿琴繁育的西红柿种子卖不出去，急出了满嘴大泡，毛丰美一边劝慰她不要着急，一边帮她在报纸上登广告，结果三分地卖出了七百多元钱。十三组的村民王福清患上乳腺癌后，同样身患癌症的毛丰美多次买药送到了王福清的家中……

小四台子村的王凤兰患病多年，村里没有诊所，每次打吊瓶都要到邻村去，一个来回要走一个小时，她问毛丰美，啥时候村里也能建个诊所。

毛丰美说："我一定想办法让上面知道这件事，尽快。"

二十年来，毛丰美的民情笔记一共记满了十八本，本上记的全部都是他常年走访各个村落积累下来的调研材料。

在辽宁省，毛丰美的名气太大，名声太响亮。曾经发生过这么一件事：辽宁省盘锦市有一户人家，夫妻俩经常吵架，三天一小吵，五天一大吵，有时还会动起手来，家庭战争不断。后来，女方实在无法忍受了，带着两个孩子离家出走，到数百里开外的大梨树村找毛丰美。她半夜的时候才找到了大梨树，值班的村干部史淑云将他们娘仨领到自己家住了半宿，第二天早晨送到了毛丰美家。毛丰美热情接待了他们，在交谈中，女方说出了自己的打算，她想让毛丰美帮助自己在大梨树租个房，再给自己找份活，靠打工挣钱养活自己和孩子。毛丰美先让他们娘仨住下来，然后像一个既体贴又善解人意的老大哥那样，耐心、细致地做女方的工作,说一个女人带着两个孩子又租房、又打工多么不容易,她这么一声招呼不打地跑出来,家里人该多着急和担心,句句说到了女方的心里,终于做通了工作。她高高兴兴地又带着两个孩子回盘锦去了。临走的时候,毛丰美还把自己当选劳动模范的奖金五百元钱塞给了她,以备路上急需之用。

有一次毛丰美去吃饭,小饭馆内突然进来一个乞丐,他走到毛丰美面前,弹着吉他,唱了几句歌:

千里难寻是朋友

朋友多了路好走

以诚相见,心诚则灵

让我们从此是朋友

千金难买是朋友

朋友多了春常留

....

乞丐的声音沙哑,凄凉。一曲唱完,他拿出一个茶缸:"先生,给点儿吃的吧。"

乞丐用乞求的目光看着毛丰美。毛丰美对服务员说:

"你再拿一双筷子,添一个菜,弄个红烧肉吧。"

服务员惊愕地问:"啥?"

"咋啦?不行吗?"

乞丐犹豫着,不敢坐。毛丰美说:"你怕什么?"

老板跟着服务员过来。

老板仔细看了看毛丰美,瞪大了眼睛:"你不是那个大梨树村的毛……毛、毛什么来?"

毛丰美笑了笑,问:"你咋认识我?"

"当真是毛书记呀!"

毛丰美笑了笑:"对了,你咋认识我呀?"

"你当年贩小米的时候,我还从您那里批发过小米呢。不过您是贵人多忘事,肯定记不住了。"

毛丰美摇头说:"我不是啥贵人,不过真忘了。老板,这要饭的看着可怜,就让他在我这儿一起吃顿饱饭,行不?"

"毛书记,不是我们没有好心,要饭的进饭店,人家顾客不高兴。不过您既然说话了,那当然行了。您慢慢吃,有事您叫我。"

毛丰美笑笑,说:"那行。"

服务员端上菜,拿来筷子。毛丰美让服务员端来一碗米饭,他把筷子递给乞丐:"吃吧,吃饱了你就走。"

乞丐手有些哆嗦，说："谢谢，谢谢。"

毛丰美端起酒杯，问乞丐："咋样？你喝酒不？"

乞丐笑了笑，没说话。毛丰美跟服务员要了一个杯子，给他倒了一杯，跟他干杯："来，喝！"

两人喝了一瓶酒。毛丰美仔细看，发现这人竟然很年轻，于是问他："兄弟，你家是哪里的？"

"山东的。"

毛丰美眼睛一亮，说："那你可来对地方了，这地方很多人都是从山东来的，我祖上也是山东人呢。山东那地方富裕，你咋要饭要到这里？"

乞丐摇头，不说话。

两人又喝了一瓶酒，乞丐吃饱了又喝了点儿酒，拿起吉他，对毛丰美说："好人，我没别的报答你，再给你唱首歌吧。"

乞丐弹起吉他，长发飘飘，竟然很有范儿，他轻抚吉他，唱了一首《再回首》：

再回首

云遮断归途

再回首

荆棘密布

今夜不会再有难舍的旧梦

曾经与你有的梦

今后要向谁诉说

再回首

背影已远走

再回首

泪眼朦胧

留下你的祝福

寒夜温暖我

……

毛丰美听得流出眼泪。

乞丐唱完，对着众人鞠躬，转身走了。

毛丰美边结账边问饭店老板："这人歌唱得不错，年纪轻轻的，怎么要饭为生？"

饭店老板叹气说："说起来这小伙子也挺可怜。听人说是沈阳音乐学院的，山东人，爹妈从山东老家来看他，竟然半路失踪了，这孩子就疯了，书也读不成了，就这么到处流浪。到凤城有三个多月了，来的时候还干净些，头发也短，现在越来越不成样子了。"

　　毛丰美接过老板给找的零钱，出了饭店，骑着自行车找那个乞丐。

　　找了半天没找到，他有些遗憾。

　　……

永远的丰碑
基层干部的楷模

他用自己对党的忠诚，对事业的执着，对群众的大爱，对清廉的坚持，在人们心中铸就了一座不朽的丰碑。

看到这里，相信大家对毛丰美一定已经有了印象。他崛起于民间乡野，却用一己之力支撑起一个伟大的梦想；他是一个普通小山村的村干部，却能一次次及时抓住国家政策，将一个个难以捕捉的信息转换成致富的资源；他有胆识，从没有停止过大干快上的脚步。当我沿着他的足迹与国家的大政方针的出台时间顺序进行逐时间点比对的时候，被他敏锐的政治嗅觉，及时抓住机遇迎难而上的勇气和不拖泥带水说干就干的果敢深深折服。世界上没有免费的午餐，从来也没有什么救世主，毛丰美最过人之处在于，他边摸索边干，边干边总结提炼，扎根脚下这片热土，却并不被这片土地的观念与传统所束缚，用高而远的视野和宽阔的胸襟，审视着大梨树人的今天与未来，终于走出了令人折服、举世瞩目的一条属于大梨树人自己的发展之路。

大梨树的农业经济，就是干出来的奇迹。多年来，在毛丰美一班人的带领下，大梨树村越来越坚定了发展集体经济的信心，逐渐形成以集体经济为主、民营和家庭经济做补充的经济模式。在这种经济关系中，集体经济对民营和家庭经济发挥了三大作用。一是骨干作用。家庭经济依附于集体经济，防止了家庭经济游离分散，不利于管理的状态，从而易于解决选项、技术、资金、经营经验等问题。二是导向作用。为家庭经济的开发、发展做出样板，引领家庭经济的健康发展，防止了家庭经济的盲目性和片面性。三是支撑作用，帮助家庭经济增强抵御风险的能力，走上平稳安全发展的道路。这些体现了大梨树村从实际出发的经济关系和运行模式。

同时，确立了走特色农业路子，走新型农业产业化路子的方向。紧紧围绕旅游业，因地制宜发展、阶段性发展，把单纯的种植业发展成观光农业、发展成市场集散地。采取农场管理机制，责任到人，经营归集体。经营理念活跃，让市场决定种植品种，坚决适应市场，市场需要什么，就种植什么。市场是农业发展的风向标。干，归根到底要围绕着市场干。在稳定花果山水果产业的同时，宜集中使用管理土地就集中使用管理，宜单打独干就单打独干。

在科学管理方面，首先，实行产业化经营，把全村的经济活动分门别类经营，组建了果树农场、五味子农场、五味子生产合作社；成立了旅游公司和房地产开发公司，由大梨树村实业总公司统筹管理。其次，实行市场化运作，所有企业和经济实体都紧密跟着市场走，独立核算。再次，运用新的管理手段，把科学的管理手段同科学的管理理念、科学的管理方式统一起来，不断提高管理技能。利用网络系统研究市场变化、发布收集信息、推销产品。引进专业技术和管理人才，培养自己的技术人员。外招具有专业技术的人员来大梨树村工作，参与村里的管理。

今天，当我们凝神聚力，认真寻找毛丰美打通所有壁垒的诀窍时，惊人地发现，所有的精髓竟然浓缩成了一个字，那就是大梨树人引以为豪的"干"！毛丰美经过三十多年的工作实践，总结出了"干"字精神的深刻内涵。那就是：苦干，弯大腰、流大汗；实干，重规律、求实效；巧干，讲科学、闯市场。

这就是一个字的风景、历史和未来。

大梨树人的精神就是一个字——干！

这个"干"字虽然简单，内涵却非常丰富，那就是：想干，不保守；敢干，不怕困难；实干，不搞花架子；苦干，不怕弯腰流汗；会干，不蛮干。

想干，不保守。这是说，要有改变落后贫穷状况的愿望，不能因循守旧，不能抱残守缺，不能畏首畏尾。只有想干，才有改变现状的可能。如果连想都不想，还谈什么变革？尤其创业，需要澎湃的激情。如果你走近毛丰美，就会发现他是一个热情洋溢、情绪高涨的人。正是这样的激情，促使他带领村民一步步地走向富裕，奔向小康。

敢干，不怕困难。要有变革的勇气。只想而不敢干，那是空谈。敢干，就不能怕艰难困苦，就不能怕有所损失，就不能怕受非议和委屈。既然选择了干事，就要有所舍弃，那

么舍弃安逸，舍弃顺利，舍弃享乐，求得变革的实效也是值得的。如果大梨树人在挺进城市后，心安理得地在城市里经营自己的商贸物流，日子过得也不会太差，毕竟那也是基础雄厚的产业，但大梨树人没有贪图安逸，反而迎难而上，向荒山进军，开创了新的天地。

实干，不搞花架子。变革是实实在在的行动，来不得半点儿虚假。任何装腔作势都只能害自己。变革是改变自己命运的行为，任何虚假都是欺骗自己。搞花架子，在我们党的历史上曾有过失误，有过重大教训。改革开放以来，一窝蜂大办乡镇企业，盲目引进一批污染企业，也给党和人民利益

造成过损失，必须摈弃这种恶劣风气。大梨树人在改变客观世界的同时，也在逐步改变自己的主观世界，他们消除了前进路上的障碍、过去错误路线和旧的思想作风的影响，因而取得了实际的成效。

苦干，不怕弯腰流汗。变革的确是艰苦的行动，尤其在生产力落后的中国农村，不付出大量的体力和脑力，不可能取得变革的实际成果。多出力，多付出，就能取得更大的成效。变革，甚至会付出生命的代价。大梨树村所取得的一切成绩都是用汗水换来的。没有那么巨大的付出，就不会有大梨树村美好的今天。

巧干，不蛮干。变革，必须建立在科学的基础之上。不能仅凭一时的冲动，一时的心血来潮。变革要解放思想，也要实事求是，这才是科学的态度。正因为毛丰美和大梨树村的领导班子以及全体村民在保持高涨的变革热情的同时，始终保持冷静的头脑，遵重客观规律，实事求是地进行变革，才使得大梨树村在前进的道路上少走弯路、少跌跟头。

"干"字精神最直接，也是最生动，更是最深刻地体现了中国农民质朴、勤劳、坚毅的本质。

大梨树人是中国农民的优秀代表。

这"干"字精神不仅是大梨树人改造荒山，改变家乡河山壮举的精神概括，同样，也是大梨树人挺进城市，在城市发展经济的精神概括；是大梨树村自1980年毛丰美当上大队长，到1997年荒山改造完成，再到今天大梨树人过上了城里人的好日子，三十多年艰苦创业阶段的精神概括。

正是由于大梨树人调动起自己的内在因素，成为发展变化的根据，因而他们能够发挥出愚公移山一样的精神力量，改变自己贫困落后的处境。

"干"字，就是天与地之间站立着一个顶天立地的人，而且，这个人不仅举起了天地，也举起了自己！

巨大、火红的"干"字镌刻在耸入云端的"干"字精神碑上，像一柄明亮、耀眼的火炬，照耀着大梨树村的山山水水，照耀在大梨树村人的身上和心中，照耀着大梨树村的历史和未来！

"干"字文化也成为大梨树人创业、发展、进步的灵魂，成为旅游文化中的核心文化。

2010年，一个消息瞬间传遍了全村：老毛书记患癌症了，结肠癌。

这个噩耗仿佛晴天霹雳，炸得全村人一时反不过劲儿来，有一种天塌地陷的感觉。毛丰美是村里老百姓的依靠，村里、家里有什么事儿，只要老书记在，找老书记，就没有解决不了的事儿。要是老书记走了，村里怎么办？老百姓怎么办？大梨树的将来怎么办？最大的问题，就是老书记的病能不能治好。

其实，大梨树人知道，小毛书记毛正新2002年回村，2007年高票当选村书记，这些年大家也看出来了，小毛书记和老毛书记一样，也是一门心思放在村里、放在大梨树老百姓身上。可是村民们和老毛书记，那是三十多年知根知底儿的感情，那是经过多少次风风雨雨考验过的，用老百姓的话说，那关系铁呀。所以碰到什么事儿，大家习惯了首先想到的是老毛书记。

得到毛丰美患癌症消息的那个夜晚，多少户人家彻夜未眠，多少老人在一起长吁短叹。

第二天，大家看到老毛书记从家里出来，和往常一样，到村里上班去了。见到熟人，打声招呼，和一个老爷子唠了十多分钟。说话底气还是那么足，知冷知热，热乎着呢。

大家的心算是放到了肚子里。看来，老书记没事儿，说不准是误诊了。老书记这么好的人，哪能这么容易就得癌症呢？

毛丰美是真病了。

早在2007年夏天，毛丰美经常腹泻，做检查时发现肠道有斑痕。医生说必须每年做一次肠镜，防止病变。毛丰美忙啊，复检的事他早就忘到脑后了。这一拖，就到了2009年。

毛丰美带队出门，考察旅游项目，司机小王看出了问题。老毛书记脸色很不好，说话无力，仿佛有什么事儿在躲着自己。小王心里有了不好的感觉。往回走的时候，小王偶然一瞥，看到老毛书记的裆部洇湿了一片，再一看，老书记的坐垫已经染红了。小王的眼泪一下子就掉下来了，急忙问："老书记，你没事儿吧？"毛丰美顺着小王的眼神也看到了，有些不好意思地说："我没事儿，对不住哇，我套了三层衬裤也没好使，把车里的坐垫造埋汰了。"

老书记真的病重了。

转过年，2010年1月，毛丰美去北京做结肠癌手术，医生要求做十二个疗程的化疗，而毛丰美为了不耽误村里的工作和参加全国人民代表大会，做了五个疗程就放弃了。毛丰美跟家里人说，我的病家里人知道就行了，别往外说，别让老百姓跟着担心，别让朋友和领导为咱们的事儿操心，人早晚都得走，六十走是走，七十走是走，该走还得走，我现在走，这辈子没有遗憾的了。

2012年，肿瘤扩散了，在上海治疗时，为了能保证参加即将召开的全国"两会",毛丰美又放弃了手术,选择肝部介入保守治疗。那段日子,由于肝部胆管出现堵塞,毛丰美全身瘙痒,每天睡眠不足三个小时,身上挠得红一块紫一块。痛痒难忍时,毛丰美在嘴里咬根牙刷,强忍住瘙痒,仍在病床上斟酌、修改着准备提交给人代会的建议。老伴知道毛丰美的性格,出门一定要穿戴好,注重仪表的原因,是代表大梨树的形象,也代表着新型农民形象。但是老伴看着已经瘦得不成样子的毛丰美,急忙给女儿打了电话。

到北京出门的早上,毛丰美穿上西服,照照镜子,忽然问道:"这西服怎么变新啦?"女儿笑了,说:"爸,前几天知道你要开会,我拿到干洗店干洗了,重新熨烫了,我爸穿西服就是精神。"毛丰美笑着说:"这在全国人民面前亮相,精精神神儿的,才能代表咱新型农民的形象。"

毛丰美坐上车走了,家里人送到门口,车拐个弯看不见了才回屋。门一关,毛丰美的三个孩子和老伴抱头痛哭。其实,老伴把女儿找来,新做了两套西服,新买的大衣。这几年的病魔折磨,毛丰美已经瘦了很多,原来的衣服穿在身上肯定要大,女儿们按原来衣服的样子重新制作,尺码足足缩小了一号。家里人强忍着在毛丰美面前不表现出悲痛,就是希望毛丰美有个好心情去北京。可是,毛丰美的身体已经这样了，在北京期间病情会不会加重？能不能坚持开完人代会？能不能按时吃药？尽管私下里对同行的人千叮咛万嘱咐，可是还是担心哪。那些日子，家里人都在看电视，盯着新闻，每天打几遍电话。

开完人代会从北京回到沈阳时，毛丰美身体已经极度虚弱。辽宁省人大决定借救护车送毛丰美回大梨树村，毛丰美百般阻拦不想享受这么高规格的待遇。人大领导说："老毛，你就破回例吧，你对人大做这么大的贡献，给你什么待遇都不高。"当救护车到了离大梨树村五十公里的通远堡高速服务站，毛丰美说："停一下，休息会儿。"车停了，毛丰美说："我还是回我的车上吧。"同行的人不同意，老毛书记却执意要下车，随行的大夫火了，说："我不管你是谁，不管你多大官，现在你是我的病人。就你现在的身体，不允许再折腾了。"毛丰美说："大夫，我求求你了。我这辈子没求过人，今天，我求求你，我不能坐急救车回村，我一定要跟以前一样，坐我的车子，我不能倒下，不能让大梨树村老百姓为我担心。求求你了。"毛丰美的眼里已经浸满了泪水。大夫看着毛丰美，含着泪说："你呀。"

弹指一挥间，距离毛丰美承诺要让大梨树人过上城里人的日子已经过去了三十多个春秋。三十年的历程，毛丰美的

百姓心中的丰碑——记全国优秀共产党员毛丰美

大梨树村新貌

诺言实现了没有？大梨树人自豪地说，毛书记做得要比当年许诺的要好上许多倍！走进如今的大梨树村，仿佛走进了江南水乡古韵小镇，运河、流水、小桥、人家，在绿树红花鲜果的掩映下，处处折射出社会主义新农村的别样美丽和安乐祥和。每年二十余万人次的游客，住庄稼院感受农家乐趣，逛青年点回味激情岁月，登花果山采新尝鲜，访药王谷纵情山水，游影视城穿越古今……现实中的大梨树村农业旅游，远比影视剧更让人震撼。所有这一切的背后，无不凝结着毛

丰美强村富民的思考、坚持、拼搏与汗水，还有对这片土地和百姓深深的热爱与眷恋。

毛丰美，这个与共和国同龄的倔强辽东汉子，大梨树"干"字精神的提倡者与践行者，大梨树村的筑梦、逐梦与圆梦人，燃烧了生命的最后三十年。

时间定格在了2014年9月26日3时55分，带着满满的收获和未了的心愿，六十五岁的毛丰美经过长达四年与癌症的不屈抗争，溘然离世。媒体上这样报道：连续五届全国人大代表、凤城市大梨树村原党委书记毛丰美,因病医治无效,与世长辞,告别了他为之奋斗一生的土地、村庄和心中时刻挂念的村民。凤凰山垂首,二龙河掬泪。

老书记走了!

9月28日早晨,大梨树村笼罩在肃穆的气氛中。天刚见亮,数千名村民拥向广场和道路两旁,为敬爱的老书记送行。"老书记一路走好!""千万句话诉说不了对您的思念!""大梨树村的山山水水铭刻着您的足迹"……村民自发制作的上百个悼念横幅连同他们悲伤不已、肃立路边送别灵车的身影,凝固成了这一天大梨树村的面孔。

早6点30分,凤城市殡仪馆,毛丰美的遗体安卧在棺木中央,身盖党旗,菊花簇拥,人瘦得脱了相。他是为这个村累死的呀!八十三岁的陶国章老人满眼泪水哽咽着。

苍梧含悲,亲朋飞泪。全国人大和省、市党政领导,各界群众代表数千人胸戴白花,排成长队,哀悼送别这位有着三十七年党龄的大梨树村领路人。毛书记走了,但是他的精神永存,大梨树人永远怀念他。

毛丰美走了。

在大梨树景区的柏林中,有一堆毫不起眼的小土包,这是他的安生之地,他依然背靠大山,扎根在大梨树。

三十年艰苦创业，三十年锲而不舍，三十年开拓创新，毛丰美用党性撑起人生的高度，用奉献展开生命的广度，诠释了一名优秀共产党员和人民代表的人生价值。他走了，但他一生忠诚践行的"实干"精神，却薪火相传。

敬爱的毛书记，千呼万唤在哪里？你情系乡里，实干兴业，在百姓的心中，你是座永远的丰碑！

笔者怀着激动的心情写了《毛丰美赋》：

毛丰美赋

毛公丰美，生于己丑阳春；卒于甲午中秋，享年六十五岁。历任大梨树村大队长、党支部书记、党委书记三十四年。为第八届至十二届全国人大代表；新时期共产党员之优秀代表，基层干部之楷模；堪称"忠诚、干净、担当"之典范。2012年，当选中国法治人物、全国十大功勋村干部。

嗟乎！凤城骄子，一代乡贤；赞其功德，以赋为传。

壮哉毛公，寄柴门于厚望，念父老之艰难。铁肩挑贫困重担，双手绘万亩果园。一双慧眼，察商海之奥妙；两只脚板，履大千之峰巅。瘦弱之躯，树骏业柱乎城乡；鸿鹄之志，掬赤诚奉献荒山。干，披星戴月愚公移山；干，勇立潮头闯字当先。进城，辟需求于星级宾馆；创业，建市场于繁华地段。工农并重，漫卷于严冬酷暑；商贸结合，澎湃于塞北江南！

兴哉毛公，长吟勤俭之道，操守道法自然。卧薪尝胆，数载风雨经磨难；奋发图强，一人劳苦万人甜。伐毛换髓，奠鸿基于山水；点石成金，发淋漓之血汗。万亩果园芬芳绚烂，小运河水濯之清涟。药王谷游人接踵，影视城华灯璀璨。文体馆健儿竞技，娱乐园老幼翩跹。青年点再现当年，忠贞报国沸腾边关。噫吁嘻！观光采摘园，游乐垂钓园，园园丰美；仿古度假村，休闲农庄村，村村可圈！

美哉毛公，葡萄携瑞，为中秋添色；苹果多情，祝美好良愿。红杏凝父老乡情，黄桃庆福寿圣诞。红男绿女，白叟童颜，假日旅游，憩息怡然。老翁纳凉垂钓，孩童嬉戏荡船；情侣偎依耳语，满乡风韵超凡。大饭庄小吃部厨艺精湛，大宾馆小客栈任君挑选。山野菜小笨鸡，喜迎八方游客；土特产五味酒，醉倒九州好汉。吃得绿色，喝得畅快，住得舒适，玩得休闲。寄情于山水，凝思于蓝天。绿色氧吧，流连忘返。吁！善哉毛公，倾毕生心血，造一方桃源！

伟哉毛公，敢于担当，仗义执言。庄严殿堂，呼吁粮食涨价；为民代言，降低电费意坚。取消农业四税，连续五年诤谏。上传民意，下接地气；审时度势，勇为人先。嗟夫！不吝生命短暂，为民履职行权；泽被千秋万代，德立天地人间。呜呼！毛公虽驾鹤九天，正新又起航扬帆；梨花曼妙春色，逝者含笑九泉！

追思毛公丰美，愧无大笔如椽；仰望干字丰碑，自有后人承传！

作者写好毛丰美赋后，心情依然激动不已，与战友李俊宝交流优秀共产党员毛丰美的事迹时，两人情不自禁又创作了一首歌词，作为本书的结尾。实际上，根本无法结尾，因为毛丰美家还没有真正富裕。他家没有企业，没有财产。村里涌现了许多千万元户、百万元户，而他家依然像三十年前一样是万元户。但是，村里的百姓们都永远记住了他的恩德！永远怀念这位好书记！

我们的村书记

当年的黄沙山

风吹土扬天

种地不打粮啊

栽树枝杈干

吃粮靠返销

花钱靠贷款

衣食牵心头啊

日子好艰难

我们的村书记啊

好个领头雁

带领乡亲排万难

治理河山志若磐

苦干实干加巧干

披星戴月连轴转

励精图治三十年

荒山变成桃花源

如今的黄沙山

天下好景观

万亩果园美啊

四季花果鲜

家家住小楼

户户有存款

我们的好书记啊

铁打男子汉

忠诚干净永担当

是党员好典范

衬衫结白霜

双手长老茧

摸爬滚打一辈子

"干"字丰碑立心间

干　干　干

不干咋能吃饱饭

干　干　干

小康的日子早实现

二〇一六年三月